VOLKER KITZ
MANUEL TUSCH

CO PIJE KROWA?

Przydatna wiedza z psychologii
życia codziennego

Przełożyła Małgorzata Guzowska

P W N

Tytuł oryginału
Psycho? Logisch! Nützliche Erkenntnisse der Allt
by Volker Kitz, Manuel Tusch

© 2011 by Wilhelm Heyne Verlag, a division
Random House GmbH, München, German
Cartoons © Rabe/vermittelt durch toonpool.

Wydanie polskie
Dyrektor wydawniczy: Monika Kalinowska
Wydawca: Dąbrówka Mirońska
Tłumaczenie: Małgorzata Guzowska
Redakcja: Monika Pujdak-Brzezinka
Korekta: Elwira Wyszyńska
Projekt okładki i stron tytułowych: Maciej Szymanowicz
Produkcja: Marcin Zych
Skład i łamanie: Justyna Cwalina, Ewa Modlińska

Druk i oprawa: PWP Interdruk

Copyright © for the Polish edition by Dom Wydawniczy PWN Sp. z o.o., Warszawa 2013

ISBN: 978-83-7705-326-3

Zdjęcie na okładce: Shutterstock/Ben Bryant

Dom Wydawniczy PWN Sp. z o.o.
02-460 Warszawa, ul. Gottlieba Daimlera 2
infolinia: 801 33 33 88
www.pwn.pl

SPIS TREŚCI

~~Uprzedzenia~~mowa............................... 9

1. Jak zmienić wodę w wino 12

2. Dlaczego powinniśmy jak najczęściej przerywać robienie
fajnych rzeczy 18

3. „Głupia krowa" czy „głupio wyszło"? Jak widzimy siebie
i resztę świata 22

4. Jak do jęku dochodzi żądza – albo ból 25

5. Który milion uszczęśliwia? 29

6. Jak kobiety zmieniają się w beksy, a faceci w emocjonalnych
popaprańców 32

7. Ten się śmieje najlepiej, kto się śmieje *pierwszy* 37

8. Możesz kierować światem za pomocą własnych myśli....... 41

9. Jak możesz sprawić, by twój seks znów stał się interesujący
(i wszystko inne też...) 45

10. Najczęstsze przyczyny klęsk w związkach 49

11. Dlaczego zawsze upiększamy swój świat 52

12. Jak chudnąć dzięki jedzeniu i w jaki sposób przeżyć
katastrofę lotniczą.................................. 57

13. Masz wybór: być wiecznie młodym albo uratować
własne małżeństwo 61

14. „Na szczęście nie jesteśmy tacy, jak Pipsztyccy..."
   A może jednak?. 64

15. Kto widzi innych w dołku, sam w niego wpada?. 69

16. Dlaczego dobre rady zmieniają się w solidne razy 72

17. Lepiej żyć – dzięki błędom w myśleniu 75

18. Dlaczego latanie wprawdzie rzadko zabija, ale bardzo często
   jest przyczyną lęku 78

19. Czy naprawdę Bóg daje tylko temu, kto rano wstaje? 82

20. Halo, halo! Dzięki efektowi halo możesz zapunktować
   (i zostać wypunktowanym) 85

21. Wanna czy szafa na broń? Jak reagujemy na stres 89

22. Rośliny doniczkowe (czasami) nas uszczęśliwiają 94

23. Dzięki problemowi! 98

24. W jaki sposób dzięki życiu po śmierci możemy przedłużyć
   życie przed śmiercią 103

25. „Po prostu mu się nie podobasz". Jak na wszystko potrafimy
   znaleźć wyjaśnienie 106

26. Jak się dobrze sprzedać w sytuacji, w której nikt
   cię nie chce 111

27. Miłość od 1000. spojrzenia: lekcja życia z Hollywood 114

28. Czy przeciwieństwa się przyciągają? 118

29. Dlaczego uroczystości rodzinne z gruntu *muszą* być
   stresujące. 122

30. Oko za oko, buziak za buziaka 125

31. Teraz zrobisz wielkie oczy... 129

32. Dlaczego konflikty są nam potrzebne jak powietrze 133

33. W chwilach radości czy zwątpienia? Jak najłatwiej uzyskać
przysługę.. 138

34. Dlaczego kij nigdy nie powinien stać się marchewką 141

35. Jak sprawić, by czarna otchłań naszej psychiki działała
na naszą *korzyść*, zamiast nam szkodzić................. 144

36. Ile jest w tobie indywidualizmu – kiedy jest to potrzebne?.. 149

37. Gdzie najlepiej dać się napaść 153

38. Dlaczego nigdy nie robimy tego, co powinniśmy,
i nie dostajemy tego, czego byśmy sobie życzyli.......... 157

39. Dlaczego twoja makulatura może być warta więcej
niż samochód twego sąsiada......................... 160

40. Jak pan „zabij-mnie-nie-pamiętam" odzyskuje nazwisko... 164

41. Pieniądz hamuje świat!............................. 167

42. Prawdopodobnie nie masz świato(p)oglądu............. 171

43. Gdzie stałeś w chwili, w której nagle stanął świat?
Jesteś *pewien*? 175

44. Dlaczego kobiety *naprawdę* nie umieją parkować,
a faceci *naprawdę* nie potrafią słuchać 179

45. „Kochanie, musimy porozmawiać!" Dlaczego kobiety
sądzą, że mężczyźni zawsze chcą tego jednego.......... 184

46. Dlaczego w problemach małżeńskich problem tkwi w środku
(albo: nic już nie tkwi w środku, i w tym problem)........ 187

47. Co łączy jazdę windą z bójkami wśród kangurów......... 190

48. Jesteś tak obciachowy, jak przypuszczasz? 193

49. Co czekolada mówi o twoim życiu 197

50. Czy kobiety są lepszą wersją mężczyzn? 200

51. Na koniec najlepsze: nasza nieświadomość 203

Co *ty* masz nam do powiedzenia? 206

Czy nasze tematy się podobały? 207

Literatura 208

Literatura polecana. 217

Indeks 218

~~UPRZEDZENIA~~*MOWA*

Pospolity psycholog sam w sobie jest istotą raczej smętną. Miał trudne dzieciństwo i nieraz zdarzało się, że wyciągał krótszą zapałkę. Sam opisuje swoje życie jako wędrówkę przez głęboki padół łez. Jego własne cierpienie sprawia, że odczuwa pragnienie niesienia pomocy innym i dawania im tego, czego jemu samemu w życiu zabrakło.

Niemal 17 lat po maturze (po 35 semestrach oczekiwania w kolejce po indeks* – rygorystyczne ograniczenia dostępu!) udaje mu się wreszcie dostać na studia gdzieś na jakimś zadupiu. Często bywa w Bielefeld czy Tybindze**. Wspólnie z czterema innymi osobami obu płci wynajmuje mieszkanie, w którym przyjęło się wsuwać sobie nawzajem pod drzwi karteczki z tekstami w stylu: „Dogłębnie poruszyło mnie to, co powiedziałeś mi wczoraj podczas kolacji".

Studia traktuje jako własną terapię, dlatego jest w nie maksymalnie zaangażowany. Najwyraźniej manifestuje się to w żywiołowych dyskusjach w sali wykładowej, przebiegających nierzadko według schematu: „Mój terapeuta kiedyś mi powiedział..." – „Nie, moja terapeutka była zdania, że...". Dyskusje w ogóle odgrywają w życiu psychologa doniosłą rolę. Przecież koło większości spraw „nie można, ot tak sobie, przejść obojętnie".

Po 120 semestrach studiów i wnikania we własne wnętrze psycholog tak naprawdę nic nie umie. Nawet dyskutować.

Ma to liczne źródła: zbyt wiele czasu poświęcił na przepracowywanie własnych traum. Albo jakiś szalony profesor od statystyki zarzucał go

---

* W Niemczech, chcąc dostać się na kierunki studiów z ograniczeniami dostępu, można trafić na „listę oczekujących", stanowiącą obok wyników maturalnych dodatkowe kryterium przyjęcia.

** Uznawanych raczej za prowincjonalne ośrodki naukowe (przyp. red.).

liczbami z intensywnością, jakiej nikt normalny nie jest w stanie wytrzymać. Doświadczenie to zaskoczyło naszego psychologa i pozbawiło go pewności siebie, ponieważ nikt mu wcześniej nie powiedział, że psychologia w dużej mierze jest matematyką. Uznał, że to podłe, i zaczął z sentymentem wspominać czas oczekiwania na studia.

(Na marginesie – zarówno na poważnie, jak i w zaufaniu: tajemna sztuczka psychologii polega na tym, że wystarczająco duża próba badawcza wystarczy, by statystycznie udowodnić *niemal wszystko*. I tak za pomocą paru cyferek można w niebywały sposób przeinaczać rzeczywistość. Jeśli więc któraś teza, zawarta w tej książce, nieszczególnie przypadła ci do gustu, to wystarczy, że odpowiednio długo pogrzebiesz w literaturze fachowej lub zdecydujesz się na samodzielne przeprowadzenie badania i w zasadzie w odniesieniu do każdego twierdzenia uda się „udowodnić" jego dokładną odwrotność).

Być może nasz psycholog nie mógł się też wystarczająco skupić, gdyż studiujące matki nierzadko karmiły swe pociechy piersią w sali wykładowej w obecności wszystkich zebranych – jak widać, wielu studentkom czas oczekiwania na studia nie minął bezowocnie. Od samego początku oglądanie tych jakże mocno przesiąkniętych rodziną procesów w sali wykładowej ostatecznie umacnia w naszym psychologu przekonanie, że wszystko w życiu można wyjaśnić wczesnodziecięcymi przeżyciami. Ponadto karmiące studentki zapewniały, że potomstwo wraz z mlekiem matki wysysało wiedzę na temat mrocznych otchłani ludzkiej psychiki. (Przynajmniej oszczędzono psychologowi towarzystwa psów podczas wykładów – te tłoczyły się bowiem w sąsiedniej auli na Pedagogice).

Mówiąc wprost, jego dyplom ma wartość kwitu kupionego na bazarze, i dlatego nasz psycholog musi się teraz we własnym zakresie dokształcać: w terapii, doradztwie, superwizji czy coachingu, buląc niemiłosiernie za wszystko. Zdobyte wykształcenie będzie następnie spłacał przez resztę życia, co, jak można się spodziewać, również przyczynia się się do jego melancholii.

Psychologia obejmuje szeroki obszar – by oszczędzić ci zarówno znalezienia się na kozetce, jak i u jej wezgłowia, napisaliśmy tę książkę. Albowiem psychologia niewątpliwie jest interesująca! I taka praktyczna. Ostatecznie dotyczy przecież pytania: jak funkcjonuję? Spędzamy czas na masie spraw, rzadko poświęcając go jednak właśnie temu pytaniu, które każdego z nas dotyczy jak żadne inne. Przy okazji psychologia wyjaśnia też, jak działają ludzie wokół nas – co także jest dla nas praktyczne. Ludzie wokół nas są bowiem znacznie przyjemniejszymi towarzyszami z instrukcją obsługi niż bez niej.

Dysponując paroma psychologicznymi sztuczkami, możemy lepiej i przyjemniej kształtować naszą codzienność. Czy wykorzystasz te umiejętności, by zwiększać własne korzyści, czy pracując dla dobra ogółu, pozostaje twoją decyzją. Możliwe jest i jedno, i drugie. Dysponując wiedzą na temat tego, w jaki sposób funkcjonujemy my sami i otaczający nas ludzie, sprawujemy kontrolę nad własnym codziennym życiem – przynajmniej częściowo. Więcej na ten temat w książce.

No i na każdej imprezie możesz dorzucić swoje trzy grosze! Kuchnie zawsze są pełne domorosłych psychologów! Ta książka pomoże ci odnaleźć się w psychodżungli dnia codziennego. Poznasz język psychologów i nauczysz się nim posługiwać. Książka objaśnia świat i rzuca koło ratunkowe, pomocne w niemal każdej życiowej trudności. Każdy psychologiczny wniosek ma zastosowanie w naszym codziennym życiu, pomagając kierować sobą i innymi – aby skuteczniej osiągać swoje cele.

Dobrze, że sobie o tym porozmawialiśmy...

Życzymy przyjemności i pomocnego wglądu w siebie podczas lektury i autoanalizy.

Dr Volker Kitz i dr Manuel Tusch

Monachium/Kolonia, lato 2011

1. JAK ZMIENIĆ WODĘ W WINO

Reframing* jest niezwykle skuteczną metodą
wywodzącą się z psychoterapii, która może
ci pomóc zachować spokój w codziennym życiu.

Przed tobą ważny dzień. Jednak budzik wyzionął ducha: wstajesz
zdecydowanie zbyt późno, a jakby tego było jeszcze mało, na do-
datek lewą nogą. Pierwsze, co robisz w łazience, to z wyszukaną
elegancją rozbijasz sobie palucha. Potem okazuje się, że ekspres do
kawy postanowił właśnie dziś zastrajkować. Kiedy w pośpiechu wy-
biegasz z mieszkania, odpada ci guzik od płaszcza, co akurat doskonale idzie w parze z urwaną wcześniej sznurówką. Po drodze
jakiś szalony rowerzysta niemal zmiata cię z powierzchni chodnika,
a te trzy głębokie oddechy, których potrzebujesz, by ochłonąć i oczyścić
siebie i swoją aktówkę z ociekającego błota, idealnie wystarczają, byś
mógł przyjrzeć się tylnym światłom twojego odjeżdżającego autobusu.
W biurze oczywiście nie działa winda. Kiedy docierasz na 16. piętro na
spotkanie zarządu, pod pachami masz imponujące plamy potu.
Podobne „przygody" ciągną się cały dzień, aż do wieczora. Jakby
wszystkich twoich przeżyć było mało, to jeszcze twoja nowa sympatia odwołuje randkę słowami: „Wiesz, boję się, że mnie skrzywdzisz".

---

* Reframing określany jest też jako strategia poznawczego przeprogramowania
(przyp. tłum.).

> Kiedy padnięty jak koń po Wielkiej Pardubickiej marzysz już tylko o tym, by wtulić głowę w miękką poduszkę, w ostatniej chwili zauważasz, że czarny, włochaty pająk wielkości pięści właśnie utkał sobie pajęczynę w twoim łóżku.
> Co myślisz o takim dniu?

Szczerze mówiąc, każdy w miarę ukształtowany i mniej więcej normalny śmiertelnik dawno już przestałby myśleć. Być może dałby jeszcze radę zmusić się do stwierdzenia: „Cholerny dzień!".

I co? Czy dzięki temu jest lepiej i cholerny dzień przestaje być cholerny?

Oczywiście ważne jest, by poważnie traktować własne uczucia, także te złe! Więcej na temat „psychohigieny" piszemy w rozdziale „Jak sprawić, by czarna otchłań naszej psychiki działała na naszą *korzyść*, zamiast nam szkodzić" (s. 144).

Najczęściej jednak wpadamy w błędne koło kolejnych negatywnych myśli, prowadzące do tzw. samospełniających się przepowiedni, które później jeszcze dokładnie omówimy (w rozdziale „Możesz kierować światem za pomocą własnych myśli", s. 41). I jest coraz gorzej i gorzej.

Ale nie martw się, nie wyskoczymy teraz z jakimś kosmicznym ezoterycznym gadaniem, nie ograniczymy się do powierzchownego stwierdzenia „Myśl pozytywnie, wszystko będzie dobrze!". Na początek zdradzimy ci wypróbowaną i bardzo skuteczną technikę rodem z psychoterapii, którą możesz stosować codziennie, zupełnie bez całego tego hokus-pokus i przymusu transcendentalnej samorealizacji.

Przeczytaj poniższy opis dnia – co powiesz na to?

Przed tobą ważny dzień. Na szczęście budzik stanął i ofiarował ci kilka dodatkowych miłych chwil w ciepłym łóżeczku. Kiedy w łazience rozbijasz sobie palec i schylasz się, by ocenić szkody, znajdujesz pod koszem na bieliznę – cudownie! – zgubiony banknot 50 euro, dawno już spisany na straty. Natomiast awaria ekspresu do kawy jest darem niebios, gdyż dziś kofeina tylko niepotrzebnie podniosłaby twój poziom pobudzenia. Lepiej zaparzyć rumianek. Urwana sznurówka jak grom z jasnego nieba przypomina ci, że masz jeszcze niezrealizowany bon na zakupy w modnym sklepie internetowym z artykułami skórzanymi, który w przyszłym tygodniu traci ważność. Uf! I – przecież nie ma przypadków – urwany guzik jest początkiem wielkiej namiętności (choć dziś jeszcze nie wiesz, że w przyszły wtorek w punkcie poprawek krawieckich spotkasz Miłość Twojego Życia). „Kurczę, jestem w lepszej formie, niż mi się wydawało!", myślisz, kiedy na przystanku udaje ci się uniknąć zderzenia z szalonym cyklistą. Na szczęście starą aktówkę wreszcie szlag trafił i nieodwołalnie nadszedł czas kupienia nowej. I proszę, oto pojawiło się zastosowanie dla zniżkowego bonu w sklepie internetowym. „Autobus uciekł – a co tam. Mogę się jeszcze w spokoju przygotować do spotkania!". A schody w biurowcu traktujesz jako poranny trening; fakt, że tak łatwo się pocisz, oznacza tylko jedno – jesteś we wspaniałej formie... Odwołanie wieczornej randki sprawia, że w głębi duszy czujesz ulgę. Skoro tak się zaczyna ta relacja, to kłopoty są niemal pewne. (Poza tym teraz już bez żadnych zobowiązań możesz czekać na spotkanie u krawca). Pająki są w Chinach symbolem szczęścia i nagle ogarnia cię wdzięczność, że po tak pełnym wrażeń dniu znalazła się jakaś istota, która dotrzyma ci towarzystwa.

I jak?

Fakty pozostają niezmienne. A jednak jest całkiem inaczej.

Drugi wariant twojego dnia jest wersją przeformułowaną. W psychologii mówimy tu o metodzie „postawienia na głowie", a naukowe pojęcie to „reframing". Ta technika „zmiany ramy" [ang. *frame* – rama, przyp. tłum.] pochodzi z terapii rodzin: nadajemy wydarzeniom inne znaczenie, inny sens. Metafora ukazuje, że sama rama może mieć decydujące znaczenie dla sposobu, w jaki postrzegamy dzieło sztuki, czy nam się ono podoba, czy nie. Wyjdźmy poza dotychczasową ramę, a ukażą się nam nowe perspektywy: dzięki nowemu spojrzeniu łatwiej poradzimy sobie z daną sytuacją, zdarzeniem czy wyzwaniem, jakie przynosi nam codziennie życie.

Weźmy jako przykład takie zdanie, by pokazać przeformułowanie negatywnie odbieranego zachowania: z „Mój partner mnie kontroluje" zróbmy „Mojemu partnerowi bardzo na mnie zależy". Sposób, w jaki spostrzegasz tę sytuację, decyduje o tym, czy wasza relacja będzie harmonijna, czy też będziecie marnować życie na interpersonalnych konfliktach i kłótniach. Przy tym druga interpretacja wcale nie oznacza, że masz się godzić, aby twój partner kierował twoim życiem – jest to tylko i wyłącznie zmiana twojego postrzegania. I choć brzmi to bardzo prosto, reframing potrafi w terapii zdziałać najprawdziwsze cuda.

Przeformułowanie pomaga nam wtedy, kiedy nie da się już zmienić faktów, a nasze rozmyślania na ich temat tylko dodatkowo blokują nas w osiąganiu kolejnych celów. To jest różnica między „Jestem pa-

nem własnego życia i losu" a „Jestem tylko obserwatorem własnego życia i pionkiem w nieodgadnionej grze losu".

Ważne, byśmy posługiwali się tą techniką w sposób świadomy i celowy. Jej celem nigdy nie powinno być bezrefleksyjne kolorowanie rzeczywistości (bez obaw, to zjawisko także omówimy szczegółowo, zob. s. 52).

Jak już pisaliśmy, najpierw trzeba świadomie dostrzec i dopuścić oraz zaakceptować negatywne uczucia – są częścią nas i naszego życia. Potem dokonać reinterpretacji, przeobrazić je. Ważny jest złoty środek: zamiast na okrągło denerwować się głupotami, zdrowiej jest zainwestować własne zaangażowanie w przeformułowanie. Kiedy przez jakieś decydujące doświadczenie na chwilę tracimy nad sobą kontrolę, szczególnie ważne jest, by najpierw dopuścić do przeżycia uczuć, a dopiero później je analizować. Zmiana znaczenia pojawi się po jakimś czasie.

Także w programowaniu neurolingwistycznym (NLP) reframing jest sprawdzoną metodą. Celem NLP jest przekierowanie przejawianych w naszym zachowaniu wzorców myślowych i komunikacyjnych na przyjemne i skuteczne tory.

Wypróbuj coś takiego:

Po pierwsze, kiedy następnym razem z rozczarowaniem pomyślisz o sobie: „Nie jestem w stanie tego zrobić", dodaj do zdania siedem liter i powiedz do siebie: „Jeszcze nie jestem w stanie tego zrobić". Małe słowo, potężne działanie.

Po drugie, kiedy nie rozumiesz otaczającego cię świata albo się na kogoś wkurzasz; kiedy nie jesteś w stanie czegoś zrozumieć, zapytaj sam siebie: „Czego ma mnie to nauczyć?", „Co mi pokazuje?", „Do czego może mi się przydać?", „Gdzie może tkwić szansa dla mnie i mojego życia?". Już same pytania wywołują zmianę toru myślenia. Pozwól się zainspirować działaniem tych zdań.

Na koniec jeszcze przykład obrazujący powyższe twierdzenia w kontekście pytania „Czego mogę się dzięki tej sytuacji nauczyć?".

Przychodzi do nas na coaching ambitny, bystry konsultant, który chce się rozwijać zawodowo – i który dostaje jedną odmowę za drugą. Na pierwszy rzut oka faktycznie mizeria. Dzięki przeprogramowaniu gość znajduje następujący sposób na poradzenie sobie z sytuacją: „Ten etap życia jest dla mnie poligonem doświadczalnym, na którym mogę się nauczyć radzenia sobie z odmowami, jednocześnie nie tracąc wiary w siebie".

A jeśli potrzebujesz jeszcze jednego, ostatecznego argumentu, by ruszyć z miejsca, niech to będzie wypowiedź filozofa Epikteta. On już około roku 50 n.e. wiedział, że: „To nie rzeczy nas niepokoją, a opinie, jakie mamy na ich temat".

2. DLACZEGO POWINNIŚMY JAK NAJCZĘŚCIEJ PRZERYWAĆ ROBIENIE FAJNYCH RZECZY

„Habituacja" czyni życie znacznie przyjemniejszym
– pod warunkiem, że właściwie z niej korzystasz.

Zeznanie podatkowe, wiosenne porządki, nudne zadanie robione na polecenie szefa, seks (jeśli marny) – z pewnością znasz z własnego doświadczenia przynajmniej jedną z tych upierdliwych czynności.

Czyż podczas takich niemiłych okresów naszego życia nie odwracamy uwagi i nie szukamy czynności zastępczych? Z radością rzucamy się na wszystkich i wszystko, co sprawia, że możemy znienawidzoną czynność odłożyć na później! Dzwoni zdemenciała ciotka? Jak cudownie, możemy na chwilę odstawić mopa! Mail z reklamą viagry? Z zaangażowaniem studiujemy zawartość, odkładając na parę chwil zeznanie podatkowe. I ta książka, która przypadkowo wpadła nam w ręce podczas odkurzania regału, którą zamierzaliśmy przeczytać od jakichś ośmiu lat – teraz nadszedł właściwy moment, by rozpocząć lekturę.

Pomyśl teraz o czynnościach, które sprawiają ci przyjemność: wyśmienita kolacja, luksusowa kąpiel w pianie, emocjonujący mecz, seks (jeśli dobry). W takich chwilach szczerze nienawidzimy wszelkich przerywników – i każdego, kto za nie odpowiada! Kiedy oglądany ulubiony film zostaje brutalnie przerwany blokiem reklamowym, przeklinamy stację telewizyjną, przemysł reklamowy i cały podły świat wokół. Podczas przyjemnych czynności wszelkie przerwy zakłócają nasze szczęście, podczas gdy ich pojawienie się w trakcie niemiłych obowiązków przyjmujemy z wdzięcznością jako zmniejszenie naszego dyskomfortu – tak się nam przynajmniej wydaje. Ale czy tak rzeczywiście jest?

W rzeczywistości jest dokładnie odwrotnie! Zobaczmy, dlaczego tak się dzieje.

Zacznijmy od omówienia zjawiska, które można ładnie pokazać, gdy nasze dni mijają nam spokojnie w bezpiecznym łonie matki: w interesującym eksperymencie poddaje się nienarodzone jeszcze dzieci działaniu określonych bodźców, na przykład głośnego dźwięku samochodowego klaksonu. Mierzona jest reakcja dziecka w matczynym brzuchu. Początkowo dzieci reagują bardzo silnie. Ale im częściej słyszą dźwięk klaksonu, tym słabsza staje się ich reakcja.

Zjawisko, które można tak dobrze wykazać już w łonie matki, nazywane jest przez psychologów górnolotnie „habituacją" – przekładając to na język ludzki – paraliżującą mocą przyzwyczajenia. Wszystko staje się z czasem nudne i niekiedy dzieje się to szybko, bardzo szybko. Przekleństwo przyzwyczajenia spada na nas jeszcze przed narodzinami – i towarzyszy nam aż do śmierci.

Przyzwyczajenie jest z jednej strony ważnym warunkiem wstępnym uczenia się. Z drugiej strony za jego sprawą z czasem wszystko traci swój początkowy urok. Nie ma zatem znaczenia, czy w pracy piszemy teksty marketingowe, ratujemy ludzi przy stole operacyjnym, prowadzimy programy telewizyjne, jeździmy w Formule 1, czy jesteśmy w związku małżeńskim, zarabiamy masę pieniędzy, mamy piękny dom i piekielnie szybki samochód – do wszystkiego się przyzwyczajamy, wszystko traci dreszczyk pierwszego razu.

Nie jesteśmy w stanie zmienić samego zjawiska habituacji, ale zdecydowanie możemy to zjawisko lepiej wpleść w nasze życie – i dzięki temu wręcz wykorzystywać je dla własnych celów! Większość ludzi w sposób dramatyczny nie docenia siły przyzwyczajenia albo też kompletnie ją ignoruje. Osoby, które wykorzystują przyzwyczajenie w sposób świadomy, mogą kształtować swoje życie znacznie przyjemniej. Efekt przyzwyczajenia działa bowiem także w wypadku rzeczy nieprzyjemnych: im dłużej je robimy, tym bardziej tracą potencjał wywoływania u nas przykrości.

Ktoś mądry będzie więc dążył do tego, by częściej przerywać właśnie czynności *przyjemne*! Ponieważ każda przerwa osłabia efekt przyzwyczajenia i powracamy do przerwanej przyjemnej aktywności szczęśliwsi niż przed jej zakłóceniem.

Nie wierzysz? Może przekona cię następujący eksperyment. W pewnym badaniu dwie grupy ludzi oglądają lubiany film. W jednej grupie film przerywany jest reklamami, w drugiej nie. Później pyta się uczestników, jak bardzo podobał im się film. Wyniki: osoby, którym przerywano oglądanie reklamami, opisują swoje przeżycia związane z oglądaniem filmu jako bardziej przyjemne – także wtedy, kiedy same reklamy im przeszkadzały.

Dotyczy to wszystkich miłych chwil: radość, jaką czerpiemy z danego doświadczenia, wzrasta za każdym razem, kiedy rozpoczynamy je od nowa, czyli po każdej przerwie. Dlatego głupio byłoby wziąć cały roczny urlop w jednym kawałku. Siła przyzwyczajenia sprawia, że urlop jest najprzyjemniejszy na początku, potem staje się coraz bardziej nudny. Mądrze jest zatem wyprodukować sobie jak najwięcej *początków* urlopu, dzieląc czas na możliwie liczne krótsze kawałki. Dokładnie odwrotnie jest z czynnościami nieprzyjemnymi: z każdym nowym początkiem narasta *wkurzenie*. Każda przerwa redukuje efekt przyzwyczajenia i powoduje większe cierpienie, kiedy musimy przerwaną czynność podjąć na nowo. Przy tego typu czynnościach możemy wykorzystać zjawisko habituacji i *nie* dawać sobie przerywać. Wtedy cała sprawa z czasem wyda nam się sama z siebie mniej przykra.

3. „GŁUPIA KROWA" CZY „GŁUPIO WYSZŁO"? JAK WIDZIMY SIEBIE I RESZTĘ ŚWIATA

Dzięki wzorcom atrybucji lepiej rozumiemy siebie i otaczających nas ludzi.

Świętujesz okrągłe urodziny, wyprawiasz wypasioną imprezę w modnej knajpie. Zaprosiłaś bez mała 80 przyjaciół i prawie wszyscy przyszli. Koło północy omiatasz wzrokiem tłum gości. „A gdzie jest moja najlepsza przyjaciółka Tina?", przemyka ci nagle przez myśl. „Nie widziałam jej jeszcze w ciągu całego wieczoru". Rzut oka na komórkę – brak usprawiedliwienia, brak sms-a z informacją „Spóźnię się trochę". I to akurat tego dnia, kiedy to zupełnie wyjątkowo obchodzisz twoje 29 + X urodziny...

Co myślisz?

❏ Głupia krowa! Nawet w moje 29 + X urodziny musi się spóźniać! Nigdy się nie wyrabia!

❏ Na pewno wypadło jej coś ważnego i po prostu nie była w stanie dotrzeć.

Nie martw się z powodu „głupiej krowy". To zupełnie normalne, że wybierasz pierwszą odpowiedź – większość ludzi myśli tak w podobnej sytuacji. Wychodzą z założenia, że powody spóźnienia drugiej osoby leżą w niej samej – po prostu zbyt późno wyszła z domu.

Sposób, w jaki wyjaśniamy zdarzenia wokół nas, gdy doszukujemy się źródeł określonych zjawisk, określamy w psychologii jako „atrybucje". Wyróżniamy przy tym atrybucję wewnętrzną i zewnętrzną. Wewnętrzna oznacza, że doszukujemy się przyczyny w samej osobie, której sytuacja dotyczy. Zewnętrzna oznacza, że przypisujemy przyczyny okolicznościom zewnętrznym, leżącym poza tą osobą. W przytoczonym przykładzie pierwsza odpowiedź jest zatem atrybucją wewnętrzną, druga zaś zewnętrzną.

Od czego więc zależy, czy posłużymy się atrybucją wewnętrzną, czy zewnętrzną? Badania pokazują jasno: mamy wyraźnego faworyta. Ogólnie mamy skłonność do posługiwania się atrybucją wewnętrzną – raczej doszukujemy się przyczyn określonych zdarzeń w osobie, której one dotyczą („Ta głupia krowa znów nie mogła się zdecydować, które buty włożyć") aniżeli w okolicznościach zewnętrznych („Może pękła u niej rura i ma teraz zupełnie inne sprawy na głowie").

Skłonność ta jest tak wyrazista, że psycholog społeczny Lee Ross określił ją mianem „podstawowego błędu atrybucji".

Dlaczego „błędu"? Ponieważ owa skłonność ma charakter uprzedzenia i, posługując się nią, często mijamy się z prawdą; w chwili, w której zaczynamy nasze szaleńcze spekulacje, prawdy przecież w ogóle nie znamy. W opisanej wcześniej sytuacji nie możemy przecież wiedzieć, co dokładnie się wydarzyło, dlaczego nasza przyjaciółka każe na siebie czekać. Może faktycznie pękła rura. Albo nagle i niespodziewanie porzucił ją chłopak. Albo miała wypadek samochodowy i leży w szpitalu. Albo spontanicznie wyszła za mąż w Las Vegas. Albo... Istnieje nieograniczona liczba możliwych zewnętrznych okoliczności, które mogły jej przeszkodzić w dotarciu na nasze przyjęcie. Mimo wszystko jesteśmy niemal pewni, że przyczyna tkwi w niej samej.

Co najzabawniejsze, nawet jeżeli *wiemy*, że ktoś nie ma wpływu na jakieś wydarzenie, i tak ujawniamy tendencję do przypisywania mu sprawstwa. W eksperymencie dwie grupy słuchają przemówienia, w którym mówca jednoznacznie prezentuje stanowisko wobec określonego tematu. Następnie jednej z grup udzielana jest informacja, że mówca sam przygotował treść własnego wystąpienia. Druga grupa dostaje informację, że prezentowane przez mówcę stanowisko zostało mu narzucone z zewnątrz. Potem badani odpowiadają na pytanie, jak bardzo, ich zdaniem, przemowa odzwierciedlała stanowisko mówcy. Oczywiście większość badanych z pierwszej grupy sądzi, że mówca przedstawił własne zdanie – ostatecznie sam sobie tę przemowę przygotował. Ale także w drugiej grupie większość badanych wychodzi z założenia, że mówca z pełnym przekonaniem przedstawiał własną opinię – choć wszystkim powiedziano, że nie wybierał on sobie treści przemówienia.

„Podstawowy błąd atrybucji" stwierdzany jest przede wszystkim w kulturach zachodnich. Kultury zachodnie są kulturami indywidualistycznymi; mamy tu do czynienia z niezależnym, samostanowiącym obrazem jednostki (tzw. pojmowaniem Ja w sposób niezależny). Natomiast w kulturach wschodnich ludzie ujawniają skłonność do spostrzegania siebie i innych jako części wspólnoty, w której wszyscy wzajemnie od siebie zależą – jest to tzw. pojmowanie Ja w sposób współzależny. Dlatego na przykład Japończycy będą spostrzegali zdarzenia jako uwarunkowane raczej sytuacyjnie i w mniejszym stopniu będą doszukiwać się przyczyn wewnątrz pojedynczej osoby. Dlatego w Japonii jubilatka w opisanej na początku sytuacji najprawdopodobniej wybrałaby odpowiedź drugą.

„Podstawowy błąd atrybucji" w naszej szerokości geograficznej każdego dnia prowadzi do wielu nieporozumień i niesprawiedliwości, do gniewu i kłótni. Zwróć więc uwagę, czy nie zdarza ci się czasem przyłapać samego siebie na nazbyt pochopnym przypisywaniu komuś winy, choć niewykluczone, że u źródeł mogą leżeć także czynniki zewnętrzne. Kiedy nauczymy się krytycznie podchodzić do naszej skłonności do posługiwania się atrybucją wewnętrzną („A może dane zachowanie zostało wywołane przez jakieś okoliczności zewnętrzne?"), często oszczędzimy sobie niesprawiedliwych ocen i kłótni.

4. JAK DO JĘKU DOCHODZI ŻĄDZA - ALBO BÓL

„Torowanie" z badań nad pamięcią
może poszerzyć twoje horyzonty.

Piątkowy wieczór. Razem z ukochaną osobą siedzicie we dwoje na kanapie przed telewizorem. Program się dłuży, więc zaczynacie zajmować
się sobą nawzajem – w wymiarze cielesnym. Nagle zza ściany dochodzi
was głośny jęk waszej trzydziestoletniej sąsiadki. Co sobie myślisz?
❏ Taki reumatyzm musi naprawdę boleć. I to w tak młodym wieku.
❏ Czyżby przyszły już rachunki z opłatami licznikowymi?
❏ Czy nie mogłaby podczas seksu zachowywać się nieco ciszej?

Większości ludzi w tej sytuacji najpierw do głowy przyjdzie możliwość
trzecia. Zakładamy, że nasza sąsiadka nieźle się właśnie zabawia.
Choć do dźwięku pasowałyby wszystkie trzy możliwości – i jeszcze
wiele, wiele innych. Dlaczego nasz osąd brzmi: seks?

Posługujemy się tutaj tzw. schematem. Schemat możemy najłatwiej
opisać, posługując się już przysłowiową „szufladą", do której paku-
jemy różne rzeczy. Sięgamy po ogólną wiedzę na temat określonych
sytuacji, którą zdobyliśmy podczas dotychczasowego życia. Schemat pomaga nam szybko odnajdować się w różnych sytuacjach, bez
konieczności każdorazowego „uczenia się" na nowo.

Przykładowo, jeśli na talerzu leży jabłko, to fakt ten sam w sobie nie wyjaśnia nam jeszcze, w jaki sposób mamy się zachować.

Pomyśl tylko, jak bezradny możesz poczuć się w sytuacji, w której ktoś pokazuje ci egzotyczny owoc: czy to jest jadalne? Jak się to je? Z łupiną czy bez? Jak się to obiera, w jaki sposób kroi? Czy w środku jest pestka, na którą należy uważać? W wypadku jabłka natomiast po prostu przywołujemy schemat „jedzenie jabłka" – i od razu dokładnie wiemy, co mamy robić.

Schemat nie pomaga nam jedynie w rozpoznaniu sytuacji już znanych, kiedy te się powtórzą. Wykorzystujemy schematy także do uzupełniania brakujących danych. Przykładowo, uzupełniamy luki pamięciowe szczegółami, które pasują do danego schematu. Dlatego tak liczne zeznania świadków przed sądem są niewiarygodne. Legendą już stał się tzw. świadek huku, który mówi: „Za sobą usłyszałem huk. Odwróciłem się i zobaczyłem, jak czerwony samochód wjechał w niebieski". Oczywiste jest, że ktoś, kto odwrócił się dopiero po tym, jak usłyszał huk, nie mógł widzieć wypadku. Jednak nasz „świadek huku" jest absolutnie pewien, że był świadkiem wypadku. O co tu chodzi? Kiedy widzimy wypadek, w którym zderzyły się dwa samochody (czyli patrzymy na zajście, które już miało miejsce), dochodzi u nas do zaktywizowania schematu określającego, w jaki sposób mogło dojść do wypadku. Schemat uzupełnia w naszych wspomnieniach brakujące informacje.

Za pomocą schematów porządkujemy także informacje wieloznaczne – jak w przykładzie podanym na początku.

Ale który schemat wybierzemy, jeśli do sytuacji pasuje ich kilka? Z reguły ten, który jest akurat najdostępniejszy, ponieważ dopiero co był aktywny. Dlatego też po obejrzeniu kryminału przy każdym trzasku rozlegającym się w naszym mieszkaniu spodziewamy się włamywacza – a słysząc stękanie sąsiadki, zakładamy aktywność seksualną, jeśli sami właśnie w ten sposób umilamy sobie czas.

Tak też działa psychologia humoru: kabareciarz łączy wypowiedź czy sytuację ze schematem, który wprawdzie istnieje w naszej głowie, ale jest upchnięty gdzieś głęboko w jej czeluściach. Publiczność posługuje się najpierw schematami leżącymi znacznie bliżej (na przykład jęczenie = seks) i zostaje zaskoczona użyciem schematu równie możliwego, jednak znacznie trudniej dostępnego (jęczenie = opłaty licznikowe). Aktywacja schematu jest określana jako „torowanie" (inaczej „priming"). Torowanie jest procesem, który czyni schemat dostępniejszym. Klasyczny eksperyment pochodzi z lat siedemdziesiątych: uczestnik badania dostaje opis osoby o imieniu „Donald". Opis zawiera mgliste stwierdzenia typu: „Ktoś zapukał, ale Donald go nie wpuścił". Wcześniej uczestnik jest poinformowany, że ma zapamiętać kilka wyrazów, ponieważ badanie dotyczy także testu na zapamiętywanie. Jednej grupie pokazywane są wcześniej wyrazy typu „przedsiębiorczy, pewny siebie", drugiej zaś „zarozumiały, nieprzystępny". Później osoby badane mają ocenić Donalda albo pozytywnie, albo negatywnie. I choć obie grupy czytały dokładnie ten sam tekst o Donaldzie, to jednak badani z grupy, która zapamiętywała wcześniej wyrazy pozytywne, ocenili go pozytywnie, natomiast osoby zapamiętujące wyrazy negatywne – negatywnie.

Być może ktoś już kiedyś zaprezentował ci dość znany przykład tego zjawiska. Osobie szybko zadawane są liczne pytania:

Jakiego koloru jest śnieg? Biały.

Jakie są chmury? Białe.

Jakiego koloru jest ściana naprzeciwko ciebie? Białego.

I teraz pada pytanie: Co pije krowa? I rzeczywiście większość pytanych odpowie: Mleko!

Pytania torują, uaktywniając schemat „biały", i z tego schematu korzysta nasz mózg, podrzucając nam biały płyn w sytuacji, w której powinniśmy odpowiedzieć „woda".

Co ciekawe, torowanie działa także wtedy, kiedy ludzie nie odbierają wyrazów świadomie. Jeśli w opisanym już eksperymencie nie prosi się badanych o zapamiętanie wyrazów, a jedynie pokazuje się je na ekranie, na który patrzą, przez czas tak krótki, że badani nie są w stanie ich świadomie rozpoznać, wyniki eksperymentu nie ulegają zmianie.

Torowanie jest więc znakomitym sposobem wytworzenia określonej postawy w nas samych lub w osobach z naszego otoczenia. Jeśli na przykład chcesz poprawić stosunki z wkurzającym kolegą, to przed pracą po prostu zapamiętuj wyrazy typu „przyjemny, zabawny, interesujący, uprzejmy". Jeśli to ty masz się wydać sympatyczniejszy koledze, podetknij mu pod nos takie wyrazy, choćby pod pretekstem wymyślonego wzoru pisma, na które on ma rzucić okiem.

Badania wykazały, co następuje: osoby badane rzeczywiście lepiej współpracują ze sobą podczas gry, kiedy wcześniej przeprowadzono torowanie z wykorzystaniem wyrazów typu „wyrozumiały" czy „fair".

Jeśli czeka cię ważna rozmowa z przełożoną, zacznij od niby przypadkowego wychwalania kogoś innego, „torując" swoją szefową za pomocą możliwie licznych pozytywnych wyrażeń. Jej nastawienie wobec ciebie będzie dzięki temu automatycznie lepsze.

5. KTÓRY MILION USZCZĘŚLIWIA?

W jaki sposób porównania społeczne cię unieszczęśliwiają
– i jak możesz temu zapobiegać.

W biurze szefa. Wreszcie się w sobie zebrałeś. Miesiącami żona wierciła ci dziurę w brzuchu: „Ale dziś wreszcie zapytasz, co?". Obok twojego łóżka leżą poradniki w stylu „Skuteczne negocjacje płacowe", w których porobiłeś sobie notatki i listy rzeczy koniecznych do zapamiętania. Już wiesz, że należy pytać w środy; w poniedziałki zbyt wiele się dzieje, w piątek nadchodzący weekend nie sprzyja poważnym negocjacjom.

Wreszcie wypowiedziałeś swoje życzenie – i już zbroisz się w myślach w kontrargumenty, by zbić zastrzeżenia, które zaraz padną z ust szefa. Zgodnie z twoim poradnikiem powinien teraz powiedzieć „Niestety mam związane ręce polityką płacową...".

– Toż wyważa pan tu u mnie otwarte drzwi, ile pan sobie życzy? – pyta w rzeczywistości szef.

– Eeee... – wybałuszasz oczy. I z twoich ust wychodzi odważne: 10 000 euro miesięcznie!

10 000 euro miesięcznie – jasne, nie ma sprawy! To prawie trzykrotność twoich dotychczasowych zarobków. Możesz spokojnie spłacać kredyt hipoteczny, będzie cię też wreszcie stać, by od czasu do czasu pozwolić sobie i dzieciom na coś fajnego. Ta kwota wreszcie na długi czas by cię zadowoliła...

Naprawdę tak myślisz?

Załóżmy, że taka bajkowa rozmowa rzeczywiście się odbyła i dostałeś trzykrotność swojej pensji: zakład, że za rok znów będziesz prosił o podwyżkę?

Pytamy uczestników eksperymentu: W jakim świecie chcesz żyć, w świecie A czy w świecie B? W świecie A zarabiasz rocznie 50 000 euro, w świecie B 500 000 euro. Na razie decyzja wydaje się banalnie prosta. Ale oto gwóźdź programu: w świecie A średnie wynagrodzenie wynosi 40 000 euro, w świecie B milion! Jak chciwi są twoim zdaniem badani? Dla większości nie ma większego znaczenia, ile zarabiają w kategoriach bezwzględnych. Zadowalali się 50 000 euro – najważniejsze, by zarabiać więcej niż pozostali.

Kolejny ciekawy eksperyment dokumentuje powyższe wyniki nawet na poziomie neuropsychologicznym: sadzamy ludzi przed komputerem i dajemy im zadania do rozwiązania. Kiedy rozwiążą zadanie poprawnie, dostają pieniądze. Uczestnicy mają do dyspozycji ciekawe narzędzie: mogą zobaczyć, ile pieniędzy ma ich sąsiad (oj, chciałoby się mieć coś takiego w domu, nieprawdaż?). Podczas badania mierzona jest aktywność mózgowego ośrodka nagrody. Rezultat: oczywiście ludzie cieszą się za każdym razem, gdy dostają pieniądze. Ale najbardziej się cieszą, jeśli dostaną więcej niż sąsiad.

Mówimy o „porównaniu społecznym w górę". Ten rodzaj porównań sprawia, że, jak za naciśnięciem guzika, pogrążamy się w rozpaczy mimo wszystkich fajnych rzeczy, jeśli tylko zaczniemy porównywać się z innymi „w górę". Bo zawsze jest ktoś, kto ma więcej!

„Teoria porównań społecznych" została sformułowana przez Leona Festingera. Festinger założył, że każdy człowiek pozyskuje informacje na swój temat przez porównywanie się z innymi – i dlatego robimy to nieustannie.

Istnieją trzy możliwości: po pierwsze, mogę się porównywać z osobami, którym wiedzie się podobnie jak mi. Jest to wprawdzie dość nudne, ale dostarcza najczęściej realistycznego obrazu samego siebie, własnej sytuacji i swoich możliwości. Na przykład jeśli jestem koło pięćdziesiątki i chcę realistycznie ocenić swoje możliwości sportowe, porównuję się raczej z osobami w moim wieku, a nie z dwudziestoletnim zawodowym piłkarzem.

Po drugie, mogę się porównywać z ludźmi znajdującymi się w gorszej sytuacji od mojej, na przykład zarabiającymi mniej pieniędzy niż ja, będących w gorszej sytuacji zdrowotnej. Takie porównanie obrazuje mi, jak dobrze mi się powodzi i jaki jestem wspaniały – czyli wzmacnia moje poczucie własnej wartości.

Po trzecie, mogę się porównywać „w górę", z osobami, którym w danej sferze wiedzie się lepiej niż mnie. To może mnie z jednej strony motywować do dalszego rozwoju. Z drugiej strony takie porównanie sprawia, że czuję się nieszczęśliwy, gdyż boleśnie sobie uświadamiam, kim nie jestem lub czego nie mam.

Jaki ma to związek z tobą i twoją podwyżką? Zastanów się: ile jest na świecie ludzi, którzy zarabiają więcej niż wszyscy pozostali? Właśnie... jeden jedyny człowiek. Tak długo, jak długo nie jesteś nim właśnie ty, subiektywnie nigdy nie będziesz miał tyle, ile byś chciał. Udowodniono to naukowo. Lepiej więc nie przypisywać podwyżce aż tak fantastycznych konsekwencji dla naszego życia. Wtedy też nie będzie aż takiej tragedii, jeśli szef zachowa się jak w poradniku o negocjacjach płacowych i powie „nie"...

I pamiętaj także o dwóch pozostałych możliwych formach porównań społecznych. Tak jak porównania w górę unieszczęśliwiają, tak możemy, celowo stosując porównanie w dół, w mgnieniu oka poprawić sobie nastrój. I nie tylko to: często dopiero porównanie w dół pozwala nam dostrzec piękno i dary, jakie otrzymaliśmy od losu w naszym własnym życiu – i poczuć wdzięczność. Jeśli nie masz w najbliższym otoczeniu nikogo, z kim mógłbyś się porównać w dół, po prostu włącz czasami wiadomości.

6. JAK KOBIETY ZMIENIAJĄ SIĘ W BEKSY, A FACECI W EMOCJONALNYCH POPAPRAŃCÓW

Szczerość uczuć prowadzi w stronę
spełnionych relacji międzyludzkich.

> Z ręką na sercu: jak prawdziwe są twoje uczucia? (dla naszych
> męskich czytelników: serce znajduje się pod lewą brodawką piersiową
> – a więc pod obszarem, który w innych okolicznościach jest dla cie-
> bie całkiem interesujący).
> Jak sądzisz: jak silny jest twój kontakt z twoim wnętrzem, twoimi
> nastrojami, uczuciami, humorami? I po co nam to wszystko?

„Właściwa" odpowiedź może zależeć nie tylko od twojej płci, lecz
także od wieku. Z wiekiem bowiem coraz bardziej oddalamy się od
siebie, stajemy się sami sobie obcy. Jako małe dziecko znamy nasze
uczucia całkiem dobrze, jednak z upływem czasu stajemy się coraz
bardziej „bezuczuciowi".

Zapytaj na przykład jakiegoś mężczyznę: „Jak się pan czuje?",
a nierzadko usłyszysz: „Moja żona robi to czy tamto..." (terapeuci
zajmujący się parami mogą to potwierdzić).

Ten przykład bardzo ładnie pokazuje różnicę między prawdziwymi
uczuciami a tzw. pseudouczuciami: w codziennym życiu my, dorośli,
mamy skłonność do argumentowania za pomocą pseudouczuć. Ulu-
bione przykłady to: „Czuję, że mnie nie słuchasz", „Czuję się źle zro-

zumiana", „Czuję, że wywierasz na mnie presję", „Wyczuwam, że nie traktujesz mnie poważnie".

W czym tkwi problem?

Wprawdzie posługujemy się słowem „czuję", ale służy ono jedynie jako przesłona, gdyż w rzeczywistości wyrażamy nasze *myśli* o innych, nasze *osądy* na temat otaczających nas osób. Kiedy, na przykład, mówię: „Czuję się przez ciebie niekochany", to myślę (w głowie): „Nie kochasz mnie". A to z kolei wyzwala u mnie gdzieś bardzo głęboko emocję, prawdziwe uczucie (w sercu, w trzewiach). A teraz trochę się postaraj – co mogę w takiej sytuacji poczuć w sercu? Dokładnie tak – jestem smutny, czuję bezradność, jestem przygnębiony.

To właśnie są prawdziwe uczucia. Podkreślmy więc: uczuciem może być jedynie to, co jest głęboko we mnie. A nie to, co robi ktoś inny. Czy, jeszcze bardziej groteskowo, coś, czego robienie ja komuś przypisuję.

Rozmowa o prawdziwych uczuciach ma wiele zalet: jeśli uczucie jest we mnie, mogę wziąć za nie odpowiedzialność i mieć wpływ na moje życie uczuciowe. Ponadto nikt nie może mnie pozbawić moich uczuć. Jeśli mówię do koleżanki: „Mam poczucie, że mnie nie ro-

zumiesz", może ona bronić się słowami: „Bardzo dobrze cię rozumiem!". Jeśli zaś powiem: „Jestem rozczarowany" – co niby może mi odpowiedzieć? Tupnąć nogą i parsknąć: „Nieprawda, wcale nie jesteś rozczarowany!". Kiedy mamy wgląd w siebie i trzymamy się własnych prawdziwych uczuć, możemy je także zachować.

Jeśli chcesz uświadomić sobie różnicę między prawdziwymi uczuciami a pseudouczuciami w codziennym życiu, to zapamiętaj dobrze jeden z najlepszych przykładów pseudouczucia: „Czuję, jakbym rozmawiała ze ścianą". Przepraszam bardzo, ale co ma zewnętrzna betonowa ściana do mojego wnętrza, co to niby ma być za uczucie?

Przykładami prawdziwych pozytywnych uczuć są: zrównoważony, spokojny, zrelaksowany, szczęśliwy, ożywiony, podniecony, pożądliwy, zakochany, wolny, wdzięczny, optymistyczny, zainteresowany. Przykłady prawdziwych negatywnych uczuć to: samotny, zazdrosny, zawistny, wygłodniały, wyczerpany, ociężały, niezdecydowany, przygnębiony, odrętwiały, bezradny, rozchwiany, przestraszony, sfrustrowany, lękliwy, nerwowy.

I jesteśmy już przy kolejnym punkcie: skąd bierze się podział na „pozytywne" i „negatywne" uczucia? To bardzo proste: „szuflady" pomagają nam w radzeniu sobie z codziennością. Była już o tym mowa nieco wcześniej („«Głupia krowa» czy «głupio wyszło»? Jak widzimy siebie i resztę świata", s. 22), kiedy omawialiśmy „schematy" (patrz s. 25). Niestety taki podział na uczucia „dobre" i „złe" jest bardzo problematyczny. Żeby to wyjaśnić, spójrzmy wstecz do czasów naszego dzieciństwa. Kiedy dziecko się przewróci, kiedy je boli i w związku z tym wrzeszczy – jak z reguły reaguje matka? Podnosi brzdąca i mówi coś w stylu: „przecież to wcale nie boli", „przecież nic takiego się nie stało" albo „już jest lepiej". A co dzieje się z dzieckiem? W głowie i sercu dziecka zaczyna się kształtować autocenzura, ponieważ przeżywa ono rozdźwięk między „boli okrutnie" (prawdziwe uczucie) a „przecież to wcale nie boli" (etykieta nadana uczuciu). Właśnie położono fundamenty pod proces oddalania się od siebie!

U podstaw skłonności do pocieszania leżą jak najlepsze intencje (wrócimy jeszcze do tego, zob. s. 72). Nic to jednak nie daje, a wręcz może narobić szkód: intencja (pomoc) i działanie (zaburzenie rozwoju) są od siebie mocno oddalone – jest to zjawisko, które odgrywa równie ważną rolę w kwestii udzielania rad.

Na samym początku życia dostajemy następującą lekcję: istnieją uczucia, które „należy mieć" i takie, których raczej „mieć nie należy". Nasze potoczne rozumowanie stawia bowiem znak równości między uczuciem a możliwością jego ekspresji. I tak oto wściekłość uchodzi w naszym społeczeństwie za uczucie negatywne, ponieważ traktujemy je na równi z – na przykład – „daniem komuś w łeb".

A wniosek taki jest przedwczesny i sprawia, że w wielu sytuacjach już nie odważamy się nawet poczuć naszych prawdziwych emocji. Wściekłość może przecież być „tylko" warkotem w naszych trzewiach, który nikomu nie szkodzi. Ważne jest, byśmy najpierw wsłuchali się we wszystkie nasze uczucia, poznali je, dopuścili i docenili jako część naszej osobowości. Bo stłumione – nadal, choć nieświadomie – na nas oddziałują i mogą wpędzić w chorobę. Więcej na ten temat opowiemy w rozdziale „Jak sprawić, by czarna otchłań naszej psychiki działała na naszą *korzyść*, zamiast nam szkodzić" (s. 144). Potem zawsze jeszcze możemy się zastanowić, „w jaki sposób chcę lub wolę się czuć" albo „jakie zachowanie jest w tej sytuacji stosowne". I nad tym pracować. Zrozumieliśmy już, że sami odpowiadamy za nasze uczucia i dzięki temu osobiście kierujemy światem swoich emocji.

Dzięki temu możemy też prościej i tym skuteczniej zapobiec, by kobiety nie stały się beksami, a mężczyźni emocjonalnymi kalekami. Jeśli odsuniemy myślenie szufladkowe, wzmocnimy dostęp do własnych emocji, staniemy się bardziej umiarkowani w ocenianiu „dobre" versus „złe" uczucie, to każdy z nas będzie miał szansę być kim chce i czuć się tak, jak tego chce. Wtedy też nasze dzieci rzadziej usłyszą zdania w stylu „ty bekso" czy „Indianie nie znają bólu" – odzwierciedlenia tradycyjnego podziału ról i przestarzałych standardów wartości. I z większym prawdopodobieństwem zrezygnują wtedy, zgodnie ze samospełniającą się przepowiednią (zob. s. 41), ze stania się kimś, kim nie są, tylko dlatego, że społeczeństwo próbuje im to narzucić.

Krótko mówiąc, bądź taki, jaki jesteś, czuj to, co czujesz.

I pozwól, by każdy był sobą i czuł tak, jak mu serce podpowiada. (W końcu każda kobieta pragnie uczuciowego mężczyzny – czyż nie?).

7. TEN SIĘ ŚMIEJE NAJLEPIEJ, KTO SIĘ ŚMIEJE *PIERWSZY*

Jak neurofizjologiczne „mimiczne sprzężenie zwrotne"
może wnieść w twoje życie więcej radości.

Wyposażony w wiedzę na temat uczuć z poprzedniego rozdziału,
przenieś się myślowo-emocjonalnie w następujące sytuacje:

❏ Zawalasz egzamin.

❏ Rozmowa o pracę przebiega źle.

❏ Twój partner cię okłamuje.

❏ Twoje dziecko uważa, że jesteś wyrodnym rodzicem.

Co wywołują u ciebie te opisy? Najlepiej spójrz też na chwilę w lus-
tro: czujesz się kiepsko, jesteś przygnębiony, zwieszasz głowę
i kąciki ust... Naturalna reakcja. Zdradzimy ci teraz, dlaczego
właśnie w takich sytuacjach pomocne może się okazać robienie dobrej miny do złej gry.

Jak już widzieliśmy, dla naszej higieny psychicznej bardzo ważnym
jest, by mieć i pielęgnować dobry dostęp do własnego wnętrza –
traktować siebie i swoje uczucia poważnie i respektować nastroje
otaczających nas osób (zob. poprzedni rozdział).

Jeśli już opanowaliśmy to w wystarczającym stopniu, to kolejnym krokiem będzie aktywna praca nad sobą, własną percepcją

i pożądanymi stanami. Chcemy się też teraz koniecznie rozprawić z pewnym ludowym przesądem – który ma czelność twierdzić, że ten się śmieje najlepiej, kto się śmieje ostatni.

Jednak ten, kto się śmieje ostatni, najkrócej przeżywa radość. A to właśnie radość sprawia, że życie jest piękne. Zaraz zobaczymy, w jak łatwy sposób może nam ona pomóc.

Życie jest, jakie jest. I ludzie wokół nas są tacy, jacy są. Łatwo zmienić – niestety – nie da się ani życia, ani ludzi. Kiedy ostatnio udało ci się sprawić, że twój szef się zmienił? Albo twoja teściowa? Dzieci? Lepiej więc skupić się na sobie, na własnych myślach i uczuciach. Bo kiedy sami zaczynamy zmieniać się wewnętrznie, może to wtedy przynajmniej zwiększyć szansę na zmianę zewnętrzną, w ludziach z naszego otoczenia.

Marzysz czasami, by rano wstać wyspanym i w dobrym humorze? By lubić swoją pracę? Odczuwać szczęście, wchodząc na spotkanie? Wracając do domu, patrzeć na promieniejące twarze twoich bliskich? Być serdecznie traktowanym przez ludzi? Mieć szczere i ożywione relacje interpersonalne? Cieszyć się szacunkiem innych?

W zależności od tego, jak bardzo brutalnie w danej chwili obchodzi się z tobą los, takie pomysły mogą ci się wydać nieco zuchwałe. Jednak zawsze pamiętaj: masz prawo do takich myśli i odczuć!

Radość jest pięknym nastrojem, błogim uczuciem – w tym momencie zaspokojone są wszystkie nasze psychiczne potrzeby. Jest spontaniczną, naturalną reakcją emocjonalną na coś przyjemnego – zdarzenie, osobę czy wspomnienie.

Śmiech jest natomiast najczęstszym sposobem wyrażania radości i dobrego samopoczucia. Jego działanie w pełni rozwija się przede wszystkim, kiedy śmiejemy się razem z bliskimi nam ludźmi. W medycynie wykorzystuje się śmiech jako metodę wspierającą leczenie. Tak, śmiech *jest* zdrowy! Badania naukowe dowodzą, że śmiech sprzyja procesowi zdrowienia w wielu schorzeniach. Dzięki lepszemu samopoczuciu obniżamy poziom stresu, wydzielanie hormonów wspiera układ odpornościowy i zapobiega w ten sposób chorobom. Ponadto śmiech aktywuje układ sercowo-naczyniowy, przeponę, struny głosowe, mięśnie twarzy i brzucha. To zaś prowadzi, między innymi, do podwyższenia ciśnienia krwi i wzrostu ilości zawartego w niej tlenu i do czegoś w rodzaju wewnętrznego masażu podbrzusza. Śmiech obniża także znacząco odczuwanie bólu.

Wszystkie te wyniki łączą się w tzw. teorię mimicznego sprzężenia zwrotnego, sformułowaną przez znanego psychologa Silvana Tomkinsa w latach sześćdziesiątych ubiegłego wieku. Teoria ta zakłada, że nasze doświadczenia emocjonalne zależą także od naszej mimiki. Możemy więc wpływać na nasze uczucia i kierować nimi za pośrednictwem własnej mimiki. Nie śmiejemy się jedynie wtedy, kiedy dobrze nam się wiedzie – możemy sprawić, by dobrze nam się wiodło *przez* śmiech!

I nawet nikt nie musi nam opowiadać kawałów. Nasza mimika jest bezpośrednio połączona z naszym ośrodkiem uczuć; wystarczy, że mechanicznie uniesiemy kąciki ust, by poprawić sobie nastrój. (Oczy wcale nie muszą się śmiać; to jest śmiech zapobiegający powstawaniu zmarszczek i starzeniu się). I już nasz mózg zadba o to, by pojawiły się w nas dobre uczucia. Istnienie tego efektu udowodniono eksperymentalnie – i to jest prawdziwa sensacja! W taki właśnie sposób znaleźliśmy bardzo prosty i jednocześnie niebywale skuteczny punkt wyjścia, dzięki któremu codziennie we własnym zakresie możemy przyczynić się do swojego szczęścia. Wypróbuj to jeszcze dzisiaj. Ułóż usta w uśmiech. Idź przez świat z zadowoleniem na twarzy. Poczuj, co dzieje się dzięki temu w twoim wnętrzu. Będziesz mile zaskoczony.

I jeszcze jedno – zwróć uwagę, w jaki sposób twoje nowe zachowanie kształtuje twoje relacje z innymi ludźmi. Wiesz przecież, że śmiech i radość są zaraźliwe. A jak Kuba Bogu, tak Bóg Kubie. Tu mądrości ludowe mają rację. (A dlaczego, dowiesz się z kolejnego rozdziału, w którym opisujemy zjawisko samospełniających się przepowiedni). Ludzie wokół ciebie – twoja koleżanka, szef, partner, przyjaciółka, sąsiad – dostrzegają twój uśmiech lub śmiech – i nieświadomie zakładają, że jesteś miłą i zrównoważoną osobą i wasze wzajemne spotkanie przebiegnie w miły i zadowalający sposób. Te oczekiwania zmieniają zachowanie twojego interlokutora. Kto skorzysta na byciu przyjaznym, miłym, uprzejmym, na okazywaniu szacunku i wzajemnego respektu?

Oczywiście ty!

Któż może wiedzieć o tym lepiej niż Charlie Chaplin, który powiedział kiedyś: „Dzień bez uśmiechu jest dniem straconym".

8. MOŻESZ KIEROWAĆ ŚWIATEM ZA POMOCĄ WŁASNYCH MYŚLI

„Samospełniająca się przepowiednia"
daje ci władzę nad twoją codziennością.

Był sobie kiedyś... pewien mężczyzna, który panicznie bał się chorób. Któregoś dnia czuł się tak źle, że zaczął podejrzewać, iż dawno już nie żyje. Odchodząc od zmysłów, pobiegł do żony. Ona zaś chwyciła jego dłonie w swoje, zaśmiała się tylko i czule powiedziała: „Tak długo, jak długo twoje dłonie są jeszcze ciepłe, nie możesz być martwy". Jakiś czas przed Bożym Narodzeniem mężczyzna ten idzie do lasu, by ściąć choinkę. Kiedy wyciera sobie pot z czoła, przeszywa go nagle dreszcz – jego ręce są lodowate. Przerażony przerywa pracę i myśli: „Po cóż mam ścinać to drzewo, przecież już dawno jestem martwy!". Smutny kładzie się na śniegu. „Całe szczęście, że już nie żyję, inaczej mógłbym źle znieść zamarzanie".

Teraz – nie chcąc popychać cię w stronę urojeń wielkościowych – proponujemy, abyś zastanowił się przez chwilę, w jakim stopniu możesz za pośrednictwem myśli kierować wydarzeniami na świecie...

Na pewno już kiedyś pojęcie „samospełniającej się przepowiedni" obiło ci się o uszy. Samospełniająca przepowiednia polega na tym, że spełnia się ona przez *sam fakt*, że zaistniała. Jest więc tym samym szczególną przyczyną konsekwencji, o których mówi.

Jeśli na przykład w eksperymencie całkowicie losowo wybierzemy grupę uczniów i powiemy im, że należą do najlepszych – to ich iloraz inteligencji na koniec roku rzeczywiście mierzalnie wzrośnie! W grupie kontrolnej, której wcześniej nie wmawiano, że jest taka wyśmienita, nic się natomiast nie zmienia. Zjawisko to po raz pierwszy opisał amerykański psycholog Robert Rosenthal, dlatego też znane jest jako „efekt Rosenthala".

W jaki sposób działa samospełniająca się przepowiednia? Możliwe wyjaśnienie znajdujemy w teorii dysonansu poznawczego (więcej na ten temat znajdziesz w rozdziale „Dlaczego zawsze upiększamy swój świat", s. 52). Uczniowie są pracowitsi i staranniejsi, automatycznie dostosowując swoje zachowanie do własnej reputacji.

Nierzadko takiej przepowiedni nie trzeba nawet wypowiadać wprost. Wnioskujemy o niej, opierając się na stereotypach, i następnie pieczołowicie dbamy, by ów stereotyp się potwierdził. Ujawniamy także skłonność do uogólnień. Dzięki temu ułatwiamy sobie codzienne funkcjonowanie, ponieważ w określonych sytuacjach

nie musimy już szczególnie wysilać się i możemy wyciągać wnioski w sposób nieświadomy, bazując na naszych stereotypach (hasło „schemat" zob. s. 25). Badania naukowe potwierdzają na przykład, że mamy skłonność do przypisywania osobom atrakcyjnym fizycznie także pozytywnych właściwości psychicznych, jak przyjacielskość czy uprzejmość. W tym kontekście ważny jest tzw. efekt halo (inaczej „efekt aureoli", zob. rozdział „Halo, halo! Dzięki efektowi halo możesz zapunktować (i zostać wypunktowanym)", s. 85).

Jeśli spotkam w pociągu atrakcyjną, młodą i dobrze ubraną kobietę, to nieświadomie uruchamiam stereotyp. Teraz „wiem", że mam do czynienia z kobietą przyjazną i uprzejmą, i w związku z tym zachowuję się stosownie, równie przyjaźnie i uprzejmie. I pod koniec rozmowy stwierdzam, że poznana w przedziale osoba rzeczywiście jest przyjazna i uprzejma. W konsekwencji myśli, stereotypu, sam zachowuję się w określony sposób, co z kolei wywołuje określone reakcje drugiej strony. I tak oto potwierdza się przepowiednia.

Także horoskopy da się uzasadnić samospełniającą się przepowiednią. Jeśli, na przykład, mój horoskop poinformuje mnie, że „w tym tygodniu się poważnie skaleczę", to jest bardzo możliwe, że w wyniku strachu przed zranieniem będę tak zdekoncentrowany i nerwowy, że faktycznie się potknę albo gdzieś w coś walnę.

Podobnie działają plotki, i to zarówno pozytywnie, jak i negatywnie. Jeśli na przykład ktoś ogłosi publicznie fałszywą prognozę, choćby że „w przyszłym tygodniu bank ABC zbankrutuje", to może się zdarzyć, że do tej chwili całkiem stabilny bank ABC straci wypłacalność – ponieważ jego wierzyciele, usłyszawszy o grożącej plajcie, z ostrożności wycofają swoje środki.

Blisko spokrewniony ze zjawiskiem samospełniającej się przepowiedni jest efekt placebo: działanie preparatu, który nie zawiera żadnej farmakologicznie czynnej substancji, ma wyłącznie psychiczne podłoże.

Wszystkie te przykłady obrazują niezwykłą siłę i moc naszych myśli! Czy więc, mimo braku możliwości kontroli, istnieją w naszym życiu możliwości jej sprawowania? (więcej informacji zob. rozdział „«Po prostu mu się nie podobasz». Jak na wszystko potrafimy znaleźć wyjaśnienie", s. 106).

Jeśli jesteśmy w stanie wywołać zdarzenia niepożądane, to równie dobrze możemy sprawić, by stało się coś pozytywnego i aktywnie kształtować swój byt. Możemy to świetnie wykorzystywać dla zwiększania naszego zadowolenia i szczęśliwości – spróbuj sam. Każdego dnia, zanim wpadniesz w wir codziennych zadań, zrób sobie założenie – na przykład „Dziś spotykam wyłącznie miłych ludzi!", „Dzisiejszy dzień będzie sukcesem!" albo „Jestem z całego serca szczęśliwa!".

Samospełniające się przepowiednie możesz wykorzystać także w kontakcie z innymi osobami. Przypomnij sobie tylko opisany na początku rozdziału eksperyment z uczniami: jeśli chcesz, by ktoś ujawnił określoną właściwość, to już teraz go za nią pochwal – a rzeczywistość się do tego dopasuje! Pochwalony będzie tak dumny z (na razie domniemanej) pozytywnej cechy, że w przyszłości będzie się bardzo starał, by okazać się owej pochwały godnym. W innym wypadku wykształci się u niego niefajny dysonans poznawczy (zob. s. 52). Jeśli chcesz, by twoja współpracownica grzeczniej odnosiła się do klientów, wystarczy powiedzieć „Pani Pipsztycka, naprawdę podziwiam, z jaką cierpliwością i empatią rozmawia pani z naszymi klientami. Jeszcze długo nikt pani nie dorówna".

Zakład, że coś się zmieni?

9. JAK MOŻESZ SPRAWIĆ, BY TWÓJ SEKS ZNÓW STAŁ SIĘ INTERESUJĄCY (I WSZYSTKO INNE TEŻ...)

Wraz z „kategoryzacją percepcyjną" twoje życie stanie się bardziej ekscytujące.

Jak często obecnie uprawiasz seks ze swoim partnerem / swoją partnerką?

❑ Niestety dajemy radę tylko raz na godzinę, w końcu musimy też czasem coś zjeść i trochę popracować...

❑ Raz w tygodniu.

❑ Seks? Zaraz, muszę sprawdzić w Wikipedii, coś mi to hasło mówi...

❑ Nie mam partnera/partnerki, ale moje życie seksualne ma się dobrze, dzięki za zainteresowanie.

Jeżeli znacie się ponad dwa lata i wciąż zakreślacie pierwszą odpowiedź, to prosimy o kontakt – wciąż poszukujemy nowych osób badanych... Większość z was będzie jednak musiała zadowolić się odpowiedziami znajdującymi się tym niżej na naszej liście, im dłuższy staż ma wasz związek. W pewnym momencie może dojść do tego, że wszyscy z grona naszych przyjaciół zazdroszczą nam naszego partnera i chętnie wskoczyliby z nim do łóżka – tylko my sami, leżąc obok siebie w naszej własnej sypialni, uważamy, że bardziej ekscytujące jest wspólne obejrzenie aktualnej gazetki sieci dyskontów spożywczych.

Jak dochodzi do tego tragicznego stanu rzeczy? I co możemy zmienić?

Cóż, najpierw musimy wskazać na mało przyjemny fakt, że wszyscy ludzie wraz z wiekiem tracą na atrakcyjności. Sorry, tego nawet my nie jesteśmy w stanie dla ciebie zmienić. Odgrywa to szczególnie dużą rolę w związkach z bardzo długim stażem (dla niezorientowanych wielkomiejskich singli: „bardzo długi staż" oznacza 20 lat, nie 20 godzin). Jednakowoż głównym powodem, dla którego atrakcyjność seksualna w związku maleje wraz z czasem, jest habituacja – paraliżująca moc przyzwyczajenia. Poznaliśmy ją już w rozdziale drugim (s. 18). Niestety habituacja nie pojawia się po dwudziestu latach, ale już przy pierwszym razie. Dlatego od tego momentu nasz partner będzie bardziej pożądany przez osoby, które jeszcze nie miały okazji wskoczyć z nim do łóżka, niż przez nas samych. Niestety. I z każdym razem jest coraz gorzej. Wraz z każdym kolejnym powtórzeniem sprawy tracą w naszych oczach swój blask.

Ale kiedy właściwie sprawy się „powtarzają"?

Nauka udziela na to pytanie zaskakującej odpowiedzi – to, na ile traktujemy podobne czynności jak powtórzenia, zależy od nas samych, a dokładniej rzecz ujmując, od kategorii, które powstają w naszych głowach.

Zapoznaj się z ciekawym eksperymentem: ludzie dostają do spróbowania cukierki. Cukierki mają różne smaki. Licznik zamieszczony na ekranie komputera pokazuje każdemu badanemu, ile cukierków już zjadł. Ale w eksperymencie wyróżniono dwie grupy: w jednej grupie uczestnik otrzymuje zbiorczą liczbę pożartych „cukierków". W drugiej grupie licznik rozróżnia smaki – i wskazuje liczbę zjedzonych „cukierków wiśniowych", „cukierków pomarańczowych", „cukierków o smaku kiwi". Przy każdym cukierku uczestnicy mają ocenić, jak bardzo im on smakował. Wyniki eksperymentu: uczestnicy, którym pokazywano więcej podkategorii, delektowali się każdym cukierkiem bardziej, niż ci, których informowano tylko o całkowitej liczbie zjedzonych słodkości.

A przecież, obiektywnie rzecz biorąc, cukierki smakują tak samo! Jak to się dzieje, że głupi licznik robi taką różnicę?

Ktoś, kto liczy różne kategorie, w większym stopniu skupia się na różnicach między poszczególnymi smakami i doświadcza w ten sposób mniejszej liczby powtórzeń. Uczestnicy z grupy kontrolnej szybciej zaczynają spostrzegać cukierki jako coś nudnego, powszedniego, ponieważ komputer liczy je wszystkie jak jedną kategorię i, tym samym, dla nich są one identyczne. Dla nich ssanie każdego kolejnego cukierka jest po prostu powtórką, a przyzwyczajenie pozbawia ich poczucia szczęścia.

Co to oznacza dla nas i naszego codziennego życia (seksualnego)? Możemy zmniejszać efekt przyzwyczajenia przez skupianie się na szczegółach i tworzenie subtelnych podkategorii. Seks będzie świeższy, jeśli nie będziesz traktować każdego zbliżenia po prostu jako „seksu", ale zaczniesz rozróżniać i dzielić na kategorie, jak „szybki numerek przed śniadaniem", „seks telefoniczny", „przytulanki w wannie", „poranne powitanie" czy „słodkie dobranoc".

A zasady dotyczące seksu można przenieść na wszelkie inne obszary życia. Załóżmy, że postanowiłeś trzy razy w tygodniu uprawiać „sport". Nie udaje ci się jednak, bo cię to nudzi; w każdym kolejnym tygodniu po pierwszym razie myślisz sobie „Sport już w tym tygodniu uprawiałem". Stwórz podkategorie! W poniedziałki chodź „pływać", w środy „rozbudowywać mięśnie", w piątek zaś uprawiaj „jogging". Jeśli nudzi cię praca w ogródku, w żadnym razie nie wpisuj w kalendarz „15.00–18.00 praca w ogrodzie". W zamian zaplanuj „od 15.00 do 16.00 przycinanie róż", „od 16.00 do 16.30 koszenie trawnika", a „od 16.30 do 18.00 kupowanie kwiatków w sklepie ogrodniczym". I już twoje życie stało się bardziej ekscytujące – ten efekt wielokrotnie udowodniono eksperymentalnie!

Jeśli natomiast chcesz, by jakaś czynność była dla ciebie mniej zajmująca, musisz postąpić dokładnie odwrotnie – stwórz grube kategorie! Załóżmy, że twoim postanowieniem jest mniej jeść – nie myśl więc „Przedtem na obiad zjadłam filet z indyka, teraz przekąszę coś zupełnie innego, o! Batonik!". Zamiast tego pomyśl sobie „Wcześniej spożyłam jedzenie, teraz znowu zamierzam wziąć jedzenie, przecież to nudne".

10. NAJCZĘSTSZE PRZYCZYNY KLĘSK W ZWIĄZKACH

Jak możesz wykorzystać aktywne słuchanie
z psychoterapii, by pozlepiać twój związek.

Bez intencji popsucia ci dobrego humoru (ale przecież mamy tu
szczytny cel) – pomyśl o ostatniej awanturze, w której brałeś udział
– w twoim związku, w rodzinie, wśród kolegów czy przyjaciół.
❑ Czego chciałeś? Jakie było twoje zdanie? Co było dla ciebie ważne?
❑ Czego chciał twój interlokutor? Jakie było jego/jej zdanie? Co było
   dla niego/niej ważne?
Odpowiedź na pierwsze pytanie znasz dokładnie, nieprawdaż?
A co z drugim pytaniem? Tu sprawy się komplikują. Dlaczego – i dlaczego to nam nie pomaga?

Większość ludzi po kłótni już tak dobrze nie pamięta, czego
dokładnie chciał od nich ten drugi. Często już w trakcie wymiany
zdań wyraźnie to artykułujemy, rzucając interlokutorowi prosto
w twarz „Kompletnie nie rozumiem, o co ci chodzi!". Być może
zastanawiasz się teraz, co w tym złego. W końcu chcesz przeforsować
własne zdanie i nie dać sobie narzucić opinii przeciwnika.

Krótka odpowiedź: to jest katastrofalne! To właśnie w tym miejscu
dochodzi do rozpadu większości małżeństw – i dobrej współpracy

w pracy. W pracy bowiem także – patrząc z perspektywy funkcjonalnej – jesteśmy w licznych „związkach małżeńskich" – z przełożonym, współpracownikami, stałymi klientami... i większość tych związków się rozpada – niestety – z zupełnie banalnych powodów. I to jest oczywiście tragiczne! Ale jednocześnie ma tę zaletę, że sami jesteśmy w stanie podjąć działania zaradcze, jeśli tylko przyswoimy sobie kilka bardzo podstawowych zasad. Przyjrzyjmy się zależnościom.

Zróbmy na początek mały test, tzw. test kary śmierci. Twierdzimy, że jesteśmy w stanie w stu procentach zrozumieć, dlaczego ludzie są za karą śmierci! Jak myślisz, drogi czytelniku, droga czytelniczko – co zasadniczo przemawia za karą śmierci?

Kiedy zadajemy to pytanie na prowadzonych przez nas zajęciach, momentalnie pojawiają się argumenty: „minimalizuje recydywę", „oszczędność" albo „odstraszanie"... A tak między nami – wyobraź sobie człowieka, który, być może, w okrutnej zbrodni, utracił kogoś bliskiego i jest teraz emocjonalnie mocno roztrzęsiony i przeżywa konsekwencje traumy. W takim wypadku w pełni rozumiemy, że ten człowiek dąży do zadośćuczynienia.

Nie znamy się wprawdzie jeszcze osobiście, ale niewykluczone, że dzięki lekturze innych naszych książek masz już wyrobioną opinię na nasz temat. Jak więc sądzisz, w jakim stopniu (w procentach) my (Volker Kitz i Manuel Tusch) akceptujemy i optujemy za karą śmierci? Zdradzimy ci tę tajemnicę: w żadnym! Zero procent. Jesteśmy całkowicie i zupełnie przeciwko karze śmierci.

I teraz widoczna staje się sprawa decydująca. My, ludzie, jesteśmy w stanie w stu procentach *zrozumieć* daną opinię – i jednocześnie ujawnić zerowy poziom jej *akceptacji*.

Niestety ta prosta i jednocześnie jakże kluczowa wiedza całkowicie nam umyka. Brzemienne w skutki *nieporozumienie* we wzajemnych relacjach polega na tym, że stawiamy znak równości między słuchaniem i przyznaniem racji, między rozumieniem i akceptacją. A to utrudnia empatię (zob. rozdział „W chwilach radości czy zwątpienia? Jak najłatwiej uzyskać przysługę", s. 138) i prowadzi do tego, że naprawdę w nielicznych sytuacjach rzeczywiście dobrze słuchamy. Ze strachu, że musielibyśmy wprost przytaknąć. A to miałoby konsekwencje, choćby takie, że musielibyśmy zrezygnować z własnego stanowiska, że musielibyśmy coś „przełknąć", pójść na ustępstwo. Coś byśmy utracili. A to by zabolało.

Błąd, błąd i jeszcze raz błąd!

Gdybyśmy częściej sobie uświadamiali, że słuchanie samo w sobie jest zupełnie nieszkodliwą – a wręcz pomocną! – czynnością, bylibyśmy zdecydowanie lepiej w stanie poznać naszego interlokutora, zbliżyć się do niego, zbudować z nim relację.

Tak więc, kiedy następnym razem będziesz uczestnikiem kłótni, czy to w domu, w pracy, czy też jeszcze gdzieś indziej, pomyśl o różnicy między słuchaniem a przyznaniem racji, rozumieniem a akceptacją – przypomnij sobie o autocenzurze w twojej głowie. Prześledź argumentację twojego rozmówcy, postaw się choć trochę w jego sytuacji i wsłuchaj się wtedy w swoje myśli i uczucia. Potem możesz rozwinąć własną argumentację. A jeśli mimo to dojdzie do konfliktu, to nieco później (w rozdziale „Dlaczego konflikty są nam potrzebne jak powietrze", s. 133) dowiesz się, jak go rozwiązać i sprawić, by przyniósł korzyść i tobie, i twojemu rozmówcy.

11. DLACZEGO ZAWSZE UPIĘKSZAMY SWÓJ ŚWIAT

Teoria dysonansu poznawczego
pozwala nam na wielkie osiągnięcia
– bez konieczności wysilania się.

Kupiłaś sobie nowe buty. Po spięciu z szefem nastąpił czyn frustrata: szybko wejść do jakiegoś sklepu, nie myśląc o pustkach na koncie. W domu okazuje się, że twoje stopy jednak nie wlezą do butów w rozmiarze 38, choć tak bardzo, bardzo i od dawna tego pragniesz. Ale to była ostatnia para. But uwiera – ale na wszelki wypadek wywaliłaś paragon zaraz po opuszczeniu sklepu do jakiegoś anonimowego kosza na wielkomiejskie odpady. Nic i nikt nie ma ci kiedykolwiek przypominać, że pantofle mogą kosztować pół twojej pensji...

Co teraz dzieje się w twojej głowie?

❑ Cholera, czy ja zawsze muszę się zachowywać tak nieodpowiedzialnie? Przecież wiedziałam, że nie będą pasować, wiem to dokładnie od 37 lat. I jak mogłam być tak durna, by wyrzucić paragon – teraz nawet nie mogę ich wymienić!

❑ Ach, po takim dniu moje stopy po prostu spuchły, dziś byłam przecież wyjątkowo długo na nogach. Jutro na pewno będą pasowały. A poza tym, przecież takie buty zawsze chciałam mieć, już samo to było wystarczającym powodem, by je kupić...

Badania naukowe pokazują, że większość ludzi wybrałaby odpowiedź drugą. Jak to się dzieje, że się tak chętnie oszukujemy i tak dowolnie upiększamy nasz świat? Że pani Iksińska wciąż uważa, że jej mąż jest superprzystojniakiem, choć od ślubu, 38 lat temu, potroił swoją wagę i ma dziś więcej włosów na plecach niż na głowie? Że kochamy nasze dzieci, choć przez nie przybywa nam siwych włosów i choć zajmują niekwestionowane pierwsze miejsce w konkursie na najbardziej upierdliwe męczydusze? Jak to możliwe, że dzień w dzień przyjaźnie znosimy własnego szefa i współpracowników – choć teoretycznie tego domu wariatów z szyldem „Firma" powinniśmy już mieć powyżej dziurek w nosie?

Wyjaśnienia należy upatrywać w nas samych: fenomenalny mechanizm psychiczny pomaga nam patrzeć na wszystko przez różowe okulary i, dzięki temu, przeżyć. Odkrył go amerykański psycholog Leon Festinger w roku 1957. W swojej „teorii dysonansu poznawczego" podejmuje temat „umysłowego rozdźwięku". Teoria głosi, że treści poznawcze, których nie można ze sobą pogodzić – a więc myśli, opinie i pragnienia – wytwarzają wewnętrzny konflikt. Typowy dysonans – czyli rozdźwięk – występuje, kiedy nowe myśli są sprzeczne z istniejącymi już przekonaniami albo nowe informacje sprawiają, że już podjęta decyzja okazuje się nietrafiona. Ponieważ istnieje w nas pragnienie utrzymania naszych myśli w harmonii, ignorujemy nieprzyjemne nowinki lub wymyślamy nowe, przyjemne interpretacje.

Weźmy taki oto przykład: jeżeli palę, to mam tego świadomość. Jednocześnie wiem, że palenie szkodzi mojemu zdrowiu i uprzykrza życie ludziom w moim otoczeniu. Te przeciwstawne myśli wywołują rozdźwięk. Jak mogę teraz przywrócić idealną harmonię moich myśli? Oczywiście mogę rzucić palenie, co jednak wcale nie jest takie proste, jak może wiesz z własnego doświadczenia. Co więc jeszcze mogę? Mogę wygenerować harmonijne myśli na temat palenia, na przykład „palenie odpręża" albo „znam ludzi, którzy palili i żyli ponad 90 lat". Takie argumenty równoważą powstały rozdźwięk – mogę dalej palić, pozostając w zgodzie ze sobą i całym światem.

Następujący eksperyment ładnie unaocznia mechanizm redukcji dysonansu: dwie grupy uczestników zaprasza się do udziału w dyskusji o seksualności. Wcześniej każdy uczestnik musi przejść coś w rodzaju „egzaminu wstępnego". W jednej grupie „egzamin" jest trudny – uczestnicy muszą odczytać eksperymentatorowi uszczypliwości bez zająknięcia czy zaczerwienienia. Natomiast w drugiej grupie „egzamin" jest łatwy – uczestnicy mają czytać neutralne słowa. Następnie wszyscy badani biorą udział w prowadzonej za pośrednictwem głośników i mikrofonów „dyskusji" na temat seksualności. Dyskusja jest celowo zaaranżowana w sposób tak nudny i nieciekawy, jak to tylko możliwe, z pewnością jest jedną wielką stratą czasu. Na koniec wszyscy uczestnicy mają ją ocenić. Jak myślisz, kto ocenił ją gorzej?

Zdrowy rozsądek podpowiada natychmiast – ludzie, którzy przeszli trudny egzamin wstępny, będą najbardziej poirytowani zmarnowanym czasem i ocenią dyskusję najgorzej.

Mamy jednak do czynienia z sytuacją dokładnie odwrotną. Uczestnicy, którzy przeszli przez trudną procedurę wstępną, doświadczają największego rozdźwięku, w ich głowach pojawia się najsilniejszy dysonans. Zdają sobie sprawę, że „mam za sobą trudny egzamin wstępny, za co «ukarano» mnie nudną dyskusją". Egzaminu nie da się już cofnąć, w każdej chwili można natomiast na nowo ocenić dyskusję. Toczą więc wewnętrzny dialog: „Egzamin był naprawdę trudny, jednak wynagrodzono mi to trzymającą w napięciu i ciekawą dyskusją". I już w naszej głowie zapanowała pełna harmonia.

Osoby, które poddano łatwemu „egzaminowi wstępnemu", nie odczuwają zaś dysonansu. Myślą: „Niewiele mnie to kosztowało, więc i niewiele dano mi w zamian – jest okej".

Zjawisko nazywamy fachowo też „uzasadnieniem wysiłku". Im więcej w coś zainwestujemy, tym silniejsze rozwija się w nas uznanie dla danego „obiektu". Potocznie „uzasadnienie wysiłku" można określić słowami: „Jeśli coś nic nie kosztuje, nie jest nic warte".

Zjawisko to daje się też zaobserwować w odniesieniu do kierunków studiów ze ściśle ograniczoną liczbą miejsc, na które można się dostać jedynie mając bardzo wysoką średnią na świadectwie maturalnym lub po wielu semestrach oczekiwania. Jednak to, jak dobrą trzeba mieć średnią, wynika bezpośrednio ze stosunku podaży i popytu, czyli tego, ilu mamy chętnych na jedno miejsce. Im więcej chętnych, tym gęstsze sito i tym lepsze trzeba mieć oceny – i nie ma to nic wspólnego z tym, jakie wymagania stawiane są na studiach bądź też z pytaniem, czy faktycznie trzeba mieć same celujące na świadectwie, by móc je dobrze ukończyć (oczywiście, że nie...). Mimo tego – ci, którym uda się przy tak ostrych kryteriach załapać na wybrany kierunek, uważają swoje studia za wyjątkowo ciężkie i wymagające.

Także w rodzinie mamy skłonność do uzasadniania „wysiłku" przez redukowanie dysonansu poznawczego – a to właśnie partnerzy i dzieci wymagają od nas szczególnie dużych inwestycji. Pani

WŁOSY NA PLECACH SĄ W TYM SEZONIE NIEBYWALE MODNE, PONADTO POZWALAJĄ UTRZYMAĆ CIEPŁO I SĄ TAKIE MILUSIE...

RABE

Iksińskiej jest znacznie łatwiej pogmerać nieco przy swoich myślach, aniżeli się rozwieść, więc myśli sobie: „A na co mi taka tyczka do fasoli – zdecydowanie wolę, by chłop miał trochę ciała, przynajmniej jest się do czego przytulić". I już świat jest znowu piękny. „A nasze maleństwa są przecież taaakie słodkie", wmawiamy sobie z zaangażowaniem. To nam oszczędza wspólnej wycieczki do ośrodka adopcyjnego. Podobnie sprawy się mają w wypadku naszych szefów i współpracowników.

Jaką radę mamy teraz dla Was, nasi Drodzy Czytelnicy? Szybko usuńcie ze świadomości wszystko, o czym właśnie przeczytaliście. Te informacje są niebezpieczne i mogą doprowadzić do rozchwiania waszego światopoglądu! W innym razie szybciej znajdziecie się na kozetce, niż byście tego chcieli...

PS. Więcej na temat „świato(p)oglądu" dowiecie się na s. 171.

12. JAK CHUDNĄĆ DZIĘKI JEDZENIU I W JAKI SPOSÓB PRZEŻYĆ KATASTROFĘ LOTNICZĄ

Dzięki psychologii pamięci i wyobrażeniom
możesz zaprogramować się na sukces.

Czekolada migdałowo-marcepanowo-nugatowa z dodatkiem prawdziwej śmietany smakowicie uśmiecha się do nas z półki w kantynie, bezpośrednio przy kasie. I wciąż równie smakowicie wygląda w naszych myślach, kiedy już dawno wróciliśmy do biura. Tak smakowicie, że nasze ślinianki wprost szaleją... aż w końcu przerywamy tę nierówną walkę i pędzimy z powrotem do kantyny. Chwila przed trzecią, jeszcze otwarte, przesuwamy więc w stronę kasjerki od razu dwie tabliczki czekolady migdałowo-marcepanowo-nugatowej z dodatkiem prawdziwej śmietany. Żeby nasza wyprawa bardziej się opłaciła.
Ale to było wczoraj. Dzisiaj się nam to nie przytrafi, dziś będziemy twardzi! „Nie pozwól, by pojawiła się nawet myśl o jedzeniu" było napisane w fioletowej ramce z „10 poradami, jak osiągnąć figurę do bikini – tym razem skutecznie" w jakimś czasopiśmie. A oczywiście chcemy mieć figurę do bikini. I to szybko.
Tak więc w miarę naszych możliwości nie myślimy o czekoladzie, kierując naszą uwagę w stronę spraw sprowadzających nas z impetem na ziemię, z dala od jakichkolwiek słodyczy: na brudną kocią kuwetę naszych sąsiadów albo na sączący się czyrak na stopie naszej babci.

(Szanowni Panowie, jeśli ta historyjka nie wydaje Wam się w najmniejszym stopniu znajoma, w miejsce „migdałowo-marcepanowo-nugatowej czekolady z dodatkiem prawdziwej śmietany" wstawcie „800 gram soczystego steku z potrójną porcją masła ziołowego", a „figurę do bikini" zamieńcie na „sześciopak"*). Niemniej, zarówno dla mężczyzn, jak i dla kobiet mamy dobrą radę: jeśli chcemy ograniczyć jedzenie, to nie powinniśmy o dobrym żarciu myśleć mniej, ale dużo *więcej*...

Faktem jest, że myślenie o dobrym jedzeniu wzmaga apetyt. Kiedy sobie wyobrażamy, jak pyszne jedzenie wygląda, jak pachnie, jak jest nam podawane, jak smakowicie wygląda na talerzu, rzeczywiście cieknie nam ślinka. I pożądanie rośnie.

Jesteśmy jednak w stanie zapanować nad naszym apetytem, jeśli w tym momencie nie tylko nie przestaniemy myśleć o jedzeniu, ale naprawdę dopiero porządnie zaczniemy. Kiedy zaczniemy wyobrażać sobie wszystkie możliwe kolory, zapachy i smaki obecne podczas delektowania się migdałowo-marcepanowo-nugatową czekoladą z dodatkiem prawdziwej śmietany (lub 800 gramami soczystego steku z potrójną porcją masła ziołowego), jak przysmak pojawia się w naszych ustach, jak go gryziemy, połykamy, smakujemy.

Jeżeli zaczniesz to robić, faktycznie będziesz jeść mniej! Udowodniono to eksperymentalnie: w jednej grupie eksperymentalnej uczestnicy proszeni są o wyobrażenie sobie, jak zjadają 30 czekoladowych cukierków. Druga grupa „zjada" w myślach tylko trzy cukierki; trzecia grupa myśli o czymś całkiem innym, zupełnie niezwiązanym z jedzeniem. Następnie wszyscy uczestnicy dostają czekoladowe cukierki bez żadnych ograniczeń, mogą zjeść, ile chcą. Wyniki: osoby, które w myślach „zjadły" już 30 cukierków, pozostawiają sporo prawdziwych cukierków. Zjadają ich mniej niż osoby, które

---

* I, Szanowni Panowie, nie chodzi tu bymajmniej o schłodzone pszeniczne...
  (złośliwy przypis tłumaczki).

w wyobraźni „zjadły" tylko trzy cukierki, i zdecydowanie mniej niż ci, którzy w ogóle o czekoladowych cukierkach nie myśleli. Ważne jest, by uczestnicy wyobrażali sobie jedzenie cukierków ze wszystkimi możliwymi szczegółami – a nie jedynie to, jak apetycznie wyglądają, kiedy przed nimi leżą.

Dlaczego tak jest, wyjaśnialiśmy już w rozdziale „Dlaczego powinniśmy jak najczęściej przerywać robienie fajnych rzeczy" (s. 18): habituacja. Także w wypadku jedzenia prowadzi do tego, że pierwszy kęs jest najlepszy, a każdy kolejny wydaje się coraz mniej atrakcyjny. Eksperyment pokazał, że już samo – realistyczne – wyobrażanie sobie, że coś robimy, wywołuje efekt przyzwyczajenia. Jeśli tylko coś sobie wystarczająco często wyobrażamy, staje się mniej ciekawe, zanim w ogóle po raz pierwszy to zrobimy. Na tym odkryciu można pięknie zaplanować dietę.

Odkrycie to pomaga także ludziom, którzy wcale nie zamierzają zmienić swoich nawyków żywieniowych. Pokazaliśmy już, że habituacja jest ważnym warunkiem wstępnym procesu uczenia się. Jeśli jesteśmy więc w stanie osiągnąć ten efekt także w wyobraźni, możemy opanować dane zachowanie wyłącznie dzięki częstemu

POMNÓŻ WŁASNY WIEK PRZEZ SWOJĄ WAGĘ
I BARDZO WYRAŹNIE WYOBRAŹ SOBIE TĘ LICZBĘ.
WTEDY BĘDZIESZ MNIEJ ZASKOCZONY,
KIEDY ZOBACZYSZ MOJE HONORARIUM...

i szczegółowemu wyobrażaniu sobie jego przebiegu. Przed egzaminem na przykład pomocne jest zobaczenie miejsca, w którym ma się on odbyć, wejście do sali, zajęcie miejsca i przejście przez egzamin w myślach. Ktoś, kto zrobi to wystarczająco wiele razy, przejdzie przez egzamin jak stary wyjadacz – nawet wtedy, kiedy nigdy wcześniej egzaminu nie zdawał.

A kiedy rozmawiamy z tymi nielicznymi szczęściarzami, którzy przeżyli katastrofę lotniczą, systematycznie pojawia się jeden wniosek: ludzie ci (z jakiego by to się nie działo powodu) wcześniej wciąż na nowo wyobrażali sobie, że przeżyją wypadek lotniczy, w jaki sposób zareagują, jak się chronią i w jaki sposób opuszczają samolot. Pomyśl o tym następnym razem podczas lotu, kiedy będziesz nerwowo przeglądał gazetę, podczas gdy personel pokładowy po raz setny morduje się z wyjaśnieniami, w jaki sposób nałożyć maskę tlenową. Małe mentalne ćwiczenie, jak to zrobić, może ci kiedyś uratować życie.

13. MASZ WYBÓR: BYĆ WIECZNIE MŁODYM ALBO URATOWAĆ WŁASNE MAŁŻEŃSTWO

Jak możesz przezwyciężyć opisany przez psychologię rozwojową egocentryzm, aby w pełni być sobą.

Wyobraź sobie: nerwowa noc, źle spałeś, wierciłeś się z boku na bok, spocony jak ruda mysz. Następnego dnia się budzisz – o rety – twoja szyja ma nagle obwód trzykrotnie większy niż zazwyczaj. A twoje stopy (które w związku ze spuchniętą szyją ledwo możesz dostrzec) są całe w ogromne niebieskie i zielone krosty.

Przytomnie dzwonisz do swojej lekarki. Zrezygnowany i zdesperowany jednocześnie błagasz, by wciśnięto cię gdzieś między już zapisanych pacjentów. Jednak panienka na recepcji po drugiej stronie linii telefonicznej z żalem w głosie informuje cię: „Niestety, nie da rady, mamy komplet".

Jak reagujesz?

❏ „Mam nadzieję, że szlag cię trafi!"

❏ „Jasne, ale przecież to potrwa tylko trzy minuty".

❏ „Dobrze, może faktycznie nie jest ze mną tak źle, odczekam te 14 dni. Jeśli do tego czasu mi się nie poprawi, zadzwonię ponownie..."

Większość ludzi wybiera odpowiedź drugą. „Jasne, ale przecież to potrwa tylko trzy minuty".

I wiesz co? Dokładnie na tym wykłada się większość małżeństw. (Właściwa odpowiedź brzmiałaby, tak na marginesie, „Mam prywatne ubezpieczenie i płacę gotówką").

Co proszę jest takiego strasznego w odpowiedzi drugiej? Odpowiedź jest prosta: to jest tzw. argumentacja „egocentryczna".

Egocentryzm jest zjawiskiem z psychologii rozwojowej, opisanym przez słynnego badacza rozwoju człowieka Jeana Piageta. Nie mylić z egoizmem, pejoratywnie naznaczonym skupieniem na sobie. Tu chodzi „jedynie" o niezdolność dostrzeżenia – zarówno na poziomie myśli, jak i uczuć – odmiennej perspektywy, innego zdania. Piaget zaobserwował to zjawisko na etapie bardzo wczesnego dzieciństwa (badanych przez niego dzieci, nie swojego) za pomocą „zadania z trzema górami".

Stawiał dzieci przed makietą krajobrazu i pytał „Co widzisz?". Dzieci odpowiadały: „Po lewej stronie jest duża góra, w środku średnia góra, a po prawej stronie mała góra". Piaget mówił: „Dobrze, a teraz wejdź w myślach na dużą górę po lewej stronie, a potem, kiedy wyobrazisz sobie, że tam stoisz – rozejrzyj się. Co widzisz?". Dzieci odpowiadały: „Po lewej stronie jest duża góra, w środku średnia góra, a po prawej stronie mała góra". Nie były więc w stanie (i w tym wieku nigdy nie są) przyjąć w myślach odmiennej perspektywy! Bo przecież powinny odpowiedzieć: „Widzę pod sobą dwie mniejsze góry".

Teraz najpewniej nie jesteś już małym dzieckiem, gdyż jesteś w stanie czytać nasz tekst. Mimo wszystko jednak istnieje szansa, że także ty czasami zachowujesz się w dziecięco-egocentryczny sposób. Zwłaszcza jeśli – jak większość ludzi – wybrałeś drugą odpowiedź.

Wczuj się teraz zarówno na poziomie myśli, jak i uczuć w swoją lekarkę, wtedy dostrzeżesz jej perspektywę. Dokładnie tego samego ranka zadzwoniło 15 innych cierpiących, gruboszyjnych, krostostopych i zdesperowanych pacjentów i pacjentek, i wszyscy chcieli zostać wciśnięci „tylko na trzy minuty". I wszyscy oni tłoczą się teraz w przeludnionej poczekalni.

Z twojej perspektywy trzy minuty. Jednak 15 × 3 = 45 minut obsuwy, z którą już musi zmierzyć się lekarka.

To jest egocentryzm – widzę wszystko wyłącznie z mojej własnej perspektywy.

Odwrotnością egocentryzmu jest „empatia", współodczuwanie z innymi, zarówno na poziomie myśli, jak i emocji, o czym jeszcze później, szczegółowo, będzie mowa (w rozdziale „W chwilach radości czy zwątpienia? Jak najłatwiej uzyskać przysługę", s. 138).

I tym samym znowu jesteśmy przy małżeństwie. Większość małżeństw rozpada się właśnie dlatego, że brakuje w nich empatii. Mamy skłonność zapatrywania się na otaczające nas sprawy z własnej, egocentrycznej perspektywy i nie uwzględniamy tego, że druga strona posiada swoją własną perspektywę, odmienną od naszej. Która, co więcej, z jej punktu widzenia jest równie uzasadniona jak nasza własna z naszego. Rezultat – nie słuchamy, nie rozumiemy, dochodzi do nieporozumień i w końcu... miłość umiera.

Jedyny plus – w duchu jesteśmy wiecznie młodzi, jak najmłodszy dzieciak. Jeżeli chcesz uratować swoje małżeństwo, to dobrym pomysłem będzie przezwyciężenie własnego egocentryzmu i wczucie się, od czasu do czasu, w sytuację drugiej strony. Oznacza to przyjęcie perspektywy drugiego człowieka, wczucie się w jego myśli i emocje. Uczysz się perspektywy drugiej strony, twojego partnera, od nowa i inaczej. Wtedy możesz też lepiej zrozumieć, jak on czy ona działa, co ma na myśli. A o tym, że *zrozumienie* czyjegoś stanowiska ci nie zaszkodzi, gdyż jeszcze długo nie oznacza jego *akceptacji*, to wiesz już z rozdziału o aktywnym słuchaniu (zob. s. 49). Najczęściej okazuje się, że coś, co przyczyniło się do konfliktu czy problemu, wcale nie było z założenia niczym osobistym, a tym bardziej nie kryły się za tym żadne złe intencje. Było jedynie nieporozumieniem wynikającym z niewystarczającej empatii.

Sprawdź to i czasem wskocz myślami w skórę twojego partnera – to działa cuda!

(A udane małżeństwo może ci pomóc utrzymać młodość).

14. „NA SZCZĘŚCIE NIE JESTEŚMY TACY, JAK PIPSZTYCCY..." A MOŻE JEDNAK?

Przechytrz złudzenie ponadprzeciętności
i urealnij swoje postrzeganie.

Po imprezie u przyjaciół, nieco podpity, leżysz ze swoją partnerką
w łóżku w waszym domu:

„Widziałaś, jak Sylwia ciągle strofowała swojego Bogdana, że ma już
więcej nie pić? A raz położyła mu dłoń na oczach, jak nieco zbyt os-
tentacyjnie gapił się na tyłek jakiejś innej laski..."

„No a u Marka i Kasi też nie było lepiej. Przecież ona go zdradza ile
wlezie. A ten biedny idiota nawet tego nie zauważa. Oni przecież
prawie ze sobą nie rozmawiają".

„Ach, ależ się cieszę, że u nas jest inaczej", mamroczesz i oboje
spokojnie zasypiacie, jak na pokazową parę przystało.

Nie spodziewasz się jednak, że Sylwia i Bogdan w tym samym czasie leżą w swoim łóżku i mówią dokładnie to samo o *was*. Podobnie
Marek z Kasią.

Ogólnie rzecz biorąc, każda para w swoim własnym mniemaniu jest
najlepszą parą na świecie. Możesz zapoznać się ze świadczącymi
o tym dowodami naukowymi także w sytuacji, w której sam jesteś
niesparowany.

O matko z córką, ależ te inne sieroty tkwią w beznadziejnych związkach! I nawet tego nie widzą! W badaniach systematycznie okazuje się, że większość par uważa swój związek za bardziej udany od wszystkich innych znanych im relacji.

Jest to ładny przykład tzw. złudzenia (albo efektu) ponadprzeciętności. Przekonanie o własnej wyższości można zaobserwować we *wszystkich* obszarach życia. Dotyczy ono pewnego uprzedzenia, skłonności do oceniania, które drzemie w nas wszystkich i sprawia, że przeceniamy własne mocne strony, porównując się z innymi – natomiast nasze słabości pozostają przez nas niedocenione. I to wręcz nieprawdopodobnie. Skutek – w naszym własnym postrzeganiu siebie jesteśmy ponadprzeciętnie inteligentni, atrakcyjni, uzdolnieni i popularni.

Milusia popularna nazwa tego zjawiska to „efekt Lake Wobegon". Lake Wobegon jest fikcyjną miejscowością z opowiadań pisarza i dziennikarza radiowego Garrisona Keillora. W Lake Wobegon „wszystkie kobiety są silne, wszyscy mężczyźni ładni, a wszystkie dzieci ponadprzeciętne".

Przy czym sprawdza się ogólna zasada, że im gorzej, tym lepiej. Im niższy czyjś poziom inteligencji czy im słabiej rozwinięta określona zdolność, tym bardziej będzie on owe atrybuty u siebie przeceniał. Dlatego najwięksi głupcy uważają się za mędrców, a najgorsi kierowcy widzą się w Formule 1. Kiedy poprosimy studentów, by sami się ocenili, większość uzna się za ponadprzeciętnych. Oczywiście dokładnie to samo dotyczy ich profesorów. A jak myślisz, dlaczego od zawsze na listy bestsellerów trafiają książki traktujące o tym, jak durne jest społeczeństwo? Ależ tak! Bo każdy może w nich znaleźć potwierdzenie swoich ocen: wszyscy wokół mnie to kretyni!

Przekonanie o własnej wyższości można zaobserwować w niemal wszystkich sferach naszej codzienności. Inaczej zaś sprawy się mają w wypadku zadań szczególnie trudnych czy nietypowych, czyli spraw raczej niecodziennych. Tu efekt się czasami odwraca i wykazujemy się skłonnością do *niedo*szacowywania naszych własnych zdolności.

Niewykluczone więc, że samochód prowadzisz gorzej, niż ci się wydaje, ale za to statek kosmiczny znacznie lepiej. Złudzenie ponadprzeciętności jest dla każdego z nas czymś praktycznym. Należy do tzw. zniekształceń poznawczych w służbie ego. Pomaga nam rozwinąć i utrzymać pozytywny obraz siebie, sprawia, że ogólnie czujemy się lepiej. Przecenianie własnych możliwości może bowiem w rzeczywistości zachęcać do nadzwyczajnych osiągnięć – za to odpowiada samospełniająca się przepowiednia (zob. s. 41). Przekonanie o własnej wyższości wyrządza jednak także spore szkody. Być może przyszło ci to już do głowy, kiedy wspomnieliśmy kierowców. Przyczyną wielu wypadków drogowych jest fakt, że niemal każdy kierowca uważa, że jest lepszy od innych, szczególnie dobry, i że zawsze ma sytuację pod kontrolą. A to prowadzi do ryzykownego wyprzedzania i nadmiernej prędkości albo do jazdy na letnich oponach w trudnych warunkach zimowych. Popycha także pieszych i rowerzystów do ignorowania, dla zasady, czerwonych świateł („całkowicie zbędna i niepotrzebna ingerencja państwa – przecież widzę, czy jedzie samochód"). W samych Niemczech codziennie na ulicach ginie około dwunastu osób. Odejmując od tej liczby tych nielicznych, którzy decydują się na samobójstwo, pozostałe ofiary do

ostatniej chwili przed śmiercią były przekonane, że mają wszystko pod kontrolą. Codziennie także mordowani są ludzie, choć powszechnie wiadomo, że grozi za to wysoka kara. Dlaczego mimo tego ludzie dopuszczają się zabójstw (i popełniają inne przestępstwa)? Ponieważ każdy w chwili dokonywania czynu zabronionego wychodzi z pewnego założenia: ja przecież nie dam się złapać... Złudzenie ponadprzeciętności stawia więc pod znakiem zapytania odstraszającą funkcję kary.

W innych obszarach niekoniecznie chodzi o ludzkie życie, ale o głupoty. I tak złudzenie ponadprzeciętności na przykład tłumaczy, dlaczego w organizacjach najsilniej prą w górę ludzie najmniej nadający się do tego – czy to w biznesie, czy polityce. Na rynkach finansowych złudzenie to sprawia, że na giełdzie tracone są duże sumy przez decyzje, których nie da się w żaden sposób racjonalnie wyjaśnić. Często słyszymy, że to chciwość rujnuje rynki – w rzeczywistości jest to raczej złudzenie ponadprzeciętności.

Złudzenie ponadprzeciętności sprawia też, że większość firm ze swojej polityki płacowej robi tajemnicę wagi państwowej. A przecież jeśli polityka ta jest sprawiedliwa, to jawność powinna tylko poprawić klimat w organizacji, a nie mu zaszkodzić. Wyobraź sobie, że masz 10 lat, a twój brat bliźniak informuje cię: „Tata daje mi kieszonkowe, ale nie wolno mi powiedzieć tobie, ile". Uwierzysz, że wszystko gra? I tak też jest w przedsiębiorstwie. Tam, gdzie są tajemnice, wietrzymy podstęp. Dlatego niektóre firmy zdecydowały się upublicznić strukturę wynagrodzeń, przynajmniej określone widełki. W rezultacie właściwie wszyscy pracownicy widzą się na takiej skali całkiem wysoko, oceniając własne zdolności, dokonania i swoją wartość jako mocno ponadprzeciętne. No bo kto chciałby być przeciętny – albo poniżej średniej? Ponieważ nikt nie chce być wynagradzany „normalnie", firmy wolą jednak utrzymywać politykę wynagrodzeń w tajemnicy.

Także w sądach marnuje się mnóstwo czasu i pieniędzy właśnie dlatego, że wszyscy mamy skłonność do przeceniania samych siebie. W wypadku wielu sporów sądowych stan prawny od początku jest całkowicie jasny – poważni prawnicy próbują zawsze powstrzymać swoich klientów przed angażowaniem się w proces z góry skazany na porażkę (chyba że są chciwi albo sami tak bardzo przeceniają własne możliwości, że uważają, że pewnie przegrany proces można wygrać...). Ale nieliczni klienci dają się przekonać. Choć przeważnie są laikami, mają tak głębokie przekonanie, że racja leży po ich stronie, że nikt i nic nie może ich powstrzymać.

Możemy więc ratować ludzkie życie i własny portfel, kiedy czasem zadamy sobie pytanie: „Czy jest prawdopodobne, że właśnie w tej sekundzie ulegam złudzeniu własnej ponadprzeciętności?". Ale możemy też lepiej wyjaśnić i przewidzieć zachowania innych ludzi, kiedy weźmiemy pod uwagę, że i oni mają się w wielu sferach za wyjątkowych. (Jeżeli więc właśnie pracujesz nad recenzją tej książki, którą chcesz zamieścić w internecie, w której zamierzasz napisać, że zawarte tu treści są błędne i do niczego, bo ty wiesz wszystko lepiej, to zadaj sobie to pytanie... I zamiast tego pomyśl, że ta książka jest bez najmniejszych wątpliwości najlepszą książką poświęconą tej tematyce, jaka kiedykolwiek została napisana! Na całym świecie. A co tam, w całym wszechświecie...).

I jeśli właśnie stwierdzasz „*ja* na pewno nie mam skłonności do przeszacowywania siebie", to chcemy ci jeszcze teraz opowiedzieć o tzw. błędzie plamki ślepej (ang. *bias blind spot*), tendencji do niezauważania błędów we własnej ocenie rzeczywistości. Pokazują to niezliczone eksperymenty – niestety jest nam niezmiernie trudno rozpoznać nasze osobiste złudzenie ponadprzeciętności w konkretnej sytuacji i podjąć odpowiednie działania korygujące. Dlatego po prostu nam uwierz (bo *my* naprawdę pozjadaliśmy wszystkie rozumy): złudzenie dotyczy nas wszystkich.

15. KTO WIDZI INNYCH W DOŁKU, SAM W NIEGO WPADA?

Jak możesz ratować życie dzięki współodczuwaniu wykorzystywanemu w psychologii interwencyjnej.

Wyobraź sobie, że jesteś w podróży i łazisz po przepięknym lesie. Natura przeszła sama siebie i ukazała ci nieprawdopodobnie piękną scenerię. Nagle skądś dobiega cię żałosne kwilenie. Zatrzymujesz się, trochę wystraszony. Kwilenie nie mija, a wręcz wydaje się coraz głośniejsze. Ostrożnie udajesz się w kierunku, z którego dochodzą dźwięki. W ostatniej chwili stajesz jak wryty – uf, o mały włos wpadłbyś do głębokiej dziury.

I teraz też staje się jasne, skąd dobiegał płacz. Na samym dole siedzi małe dziecko, macha rączkami i nóżkami i zrozpaczone woła o pomoc. Co robisz?

❏ Dodajesz dziecku odwagi i prosisz o cierpliwość. Pędzisz do najbliższej osady, organizujesz długą drabinę i wracasz do dołu. Uwalniasz dziecko, promieniujące wdzięcznością, i prowadzisz je do uszczęśliwionych rodziców.

❏ Widzisz dziecko i reagujesz zgodnie z pierwszym impulsem – wskakujesz do wykopu, po czym, na samym dole, teraz już wspólnie z dzieckiem, czekacie, aż będzie przechodził ktoś, kto przypadkiem ma ze sobą drabinę.

Każdy w miarę „normalny" człowiek wybierze „wariant z drabiną". Wariant drugi („Skaczemy") większości z nas wydaje się niedorzeczny, wariant trzeci („Zwiać!") nieodpowiedzialny. Jako że wszystko jawi się jasne jak słońce, z łatwością podejmujemy właściwą decyzję. Jednak w naszej codzienności doły i drabiny są dobrze zamaskowane i wprowadzają nas w błąd. A to sprawia, że w życiu codziennym często decydujemy się na wariant drugi i – wskakujemy. Co niektóry wybierze możliwość trzecią, ponieważ myli pierwszą („zdobyć drabinę") i drugą, i obawia się, że jemu samemu może stać się krzywda.

Wskoczenie do dołu jest symbolem współczucia. Współczucie oznacza „wejście" w ból cierpiącego człowieka, wzięcie na siebie jego udręki i uczynienie jej swoją własną. Problem tkwi jednak w tym, że ten, kto sam cierpi, kto czuje się podle, nie jest już w stanie wypracować sensownych rozwiązań. Udało ci się kiedyś z sukcesem rozstawić drabinę, kiedy twoje oczy zalane były łzami? Potrzebujący pomocy doznaje dodatkowej krzywdy, gdyż pozbawia się go wsparcia.

Od współ*czucia** odróżniamy współ*odczuwanie*. Współodczuwanie oznacza, że dostrzegamy ból, czujemy go, mamy na jego temat wyobrażenie i wrażenie, jak może czuć się człowiek cierpiący. Po to, by umieć odróżnić siebie i osobę cierpiącą – i być wystarczająco zmotywowanym i silnym, by udzielić pomocy.

Dla wielu ludzi różnica między współczuciem i współodczuwaniem pozostaje niejasna. Dlatego unikają kontaktu z cierpieniem, nędzą – opanowani obawami, że zostaną zmuszeni do wejścia w czyjąś udrękę, do wskoczenia do dołu. Łatwiejszym rozwiązaniem jest opuszczenie scenerii, by nieprzyjemne uczucia się nie pojawiły. A nawet skrajne

---

* W języku niemieckim rozróżnienie jest jeszcze bardziej wyraziste niż w polskim, gdyż współczuć to „mitleiden", dosłownie „wspólnie cierpieć" (przyp. tłum.).

wyrzuty sumienia są czasami łatwiejsze do zniesienia niż rozpacz innego człowieka. Nie chcemy tu nikogo osądzać, a „tylko" edukować. Zarówno skłonność do współczucia, jak i do ucieczki są czymś zupełnie normalnym i ludzkim. I wynikają z niewiedzy. Ponieważ pielęgnujemy w sobie egocentryczne (zob. s. 61) spojrzenie na świat, wychodzimy z założenia, że inni muszą czuć dokładnie to samo, co my. I dlatego (nieświadomie) wnioskując na zasadzie przeciwieństwa, zakładamy, że i my musimy przejąć odczucia drugiego człowieka.

W rzeczywistości każdy może zachować własne uczucia, a jednocześnie okazywać i dostawać troskę i zaangażowanie. Jeśli faktycznie współodczuwamy prawdziwie i z głębi serca, czynimy dobro w dwójnasób: po pierwsze oszczędzamy sobie dołka. A po drugie możemy rzeczywiście pomóc innym, by z niego wyszli. *Win-win*.

16. DLACZEGO DOBRE RADY ZMIENIAJĄ SIĘ W SOLIDNE RAZY

Możesz odejść od kontrproduktywnych formatów
i naprawdę pomóc sobie i innym.

Załóżmy, że masz problem, na przykład konflikt w związku czy w kręgu znajomych. Nie czujesz się z tym dobrze, nie wiesz, co robić i w twojej głowie rodzi się desperacja.

Wieczorem spotykasz dobrego przyjaciela, którego darzysz pełnym zaufaniem, i mu się zwierzasz. Ten bardzo dobry przyjaciel ma szczególny dar formułowania 1001 rozwiązań. Natychmiast więc z jego ust tryska „A spróbowałaś już XYZ?", „Kiedy ja znalazłem się w podobnej sytuacji, pomogło mi ABC", „Na twoim miejscu zrobiłbym...".

Każda z tych propozycji, jeśli im się dobrze przyjrzeć, jest cenna – ale, o dziwo, po tej rozmowie czujesz się jeszcze gorzej.

Chcesz wiedzieć, dlaczego?

Najczęściej rady płyną ze szczerego serca i mają jak najszlachetniejsze intencje. Niestety istnieje taka mała, ale ważna różnica między intencją a skutkiem – coś może wynikać z dobrej woli i – jednocześnie, poważnie zaszkodzić; pomyśl tylko o „skłonności do pocieszania" (s. 32).

Owe trącące banałem, a jednocześnie niemożliwe do przecenienia stwierdzenie zawarte w tytule tego rozdziału rzadko uwzględniane jest w życiu codziennym. Na przykład kiedy udzielamy naszej najlepszej przyjaciółce rad przy problemach w związku czy stresie w pracy. Owe porady mogły w naszym wypadku okazać się niebywale skuteczne. Jednak dla naszej przyjaciółki będą bezużyteczne. Ponieważ nasza przyjaciółka jest zupełnie innym człowiekiem i funkcjonuje inaczej niż my.

W psychologii nazywamy to klasycznym przykładem „projekcji": żwawo rzutujemy nasze myśli, sposoby życia i rozwiązania na otaczających nas ludzi. Projekcja jest, jak trafnie podsumował Freud, przypisywaniem własnych pragnień innym ludziom.

To jest ludzkie! Po prostu najczęściej nie mamy pojęcia, jak inaczej moglibyśmy się zachować, a koniecznie chcemy zrobić coś dobrego. Ale na niewiele się to zdaje. Wręcz przeciwnie: udzielając innym rad, jeszcze im szkodzimy, urażamy. Ponieważ każdy, będąc ekspertem w swoim własnym życiu, konstruuje swój ogląd rzeczywistości. Rady natomiast pochodzą z rzeczywistości skonstruowanej przez kogoś innego, twojego rozmówcy. Prawdopodobieństwo, że obydwa obrazy rzeczywistości pokrywają się w stu procentach, jest bliskie zeru. Rada niesie więc zawsze pośrednio informację „twój sposób konstruowania rzeczywistości jest niewłaściwy", „mój sposób spostrzegania jest lepszy od twojego", „zmień sposób zapatrywania na świat".

Kiedy dostajemy takie pośrednio wyartykułowane komunikaty, to do pierwotnego problemu dokłada nam się kolejny. Świadomie lub nie myślimy „ech, on mnie przecież i tak nie zrozumie". I czujemy się samotni i opuszczeni, gdyż druga strona nie podziela naszego spojrzenia na świat.

Typową pułapką wszelkiego doradzania jest fakt, że z naszej – egocentrycznej (zob. też „Masz wybór: być wiecznie młodym albo uratować własne małżeństwo", s. 61) – perspektywy *sądzimy, że wiemy*, co jest dobre dla drugiego człowieka. Błąd! Rady są zawsze razami.

Dlatego większość poradników powinna od razu trafić do śmietnika. Bo kto chętnie przyjmuje razy? Jeżeli naprawdę chcesz komuś pomóc, możesz zrobić następującą rzecz: wysłuchaj go! Spróbuj zrozumieć swojego rozmówcę, jego intencje, jego rzeczywistość. To nie zawsze jest łatwe, gdyż często nieświadomie mylimy zrozumienie z akceptacją. I sądzimy, że powinniśmy zrezygnować z naszej rzeczywistości na rzecz świata widzianego oczami naszego rozmówcy – i już mamy problem dokładnie odwrotny. Że sprawa jest naprawdę poważna, już wiemy – opisywaliśmy mechanizm autocenzury w naszej głowie. Zasygnalizuj swojemu rozmówcy „jestem z tobą, zagłębiam się w twój sposób postrzegania spraw, rozumiem, co masz na myśli". Jeżeli w taki właśnie sposób będziesz wspierać swojego rozmówcę, to zawsze będziesz mieć przestrzeń do zadania mu pytania, czy chce usłyszeć od ciebie możliwe rozwiązania. Ale to jest zawsze dopiero drugi krok. W taki sposób pozostawiasz drugiej osobie prawo do bycia ekspertem w jej własnym życiu i jego treści – i jej sposobie rozumienia szczęścia.

Jeśli możemy ci więc na koniec podsunąć pewną radę – nigdy nie dawaj rad.

17. LEPIEJ ŻYĆ – DZIĘKI BŁĘDOM W MYŚLENIU

Dzięki „heurystyce zakotwiczenia"
jesteś w stanie wiele osiągnąć.

Chcesz osiągnąć więcej, negocjując swoje wynagrodzenie? Lektura rozdziału piątego o „porównaniach społecznych" jeszcze cię nie zniechęciła? W takim razie koniecznie czytaj dalej!

Kiedy chcemy lub musimy oszacować jakąś złożoną sytuację lub wartość jakiejś sprawy, nasz mózg szuka wartości porównawczych. Na początek brzmi to całkiem rozsądnie. Ale teraz się zaczyna. Kiedy ta szara gąbka w naszej czaszce nie znajdzie żadnych adekwatnych informacji czy liczb, pozwala sobie na skrót myślowy: nieświadomie uwzględnia jedynie część informacji lub, co gorsza, odwołuje się do zupełnie arbitralnych wartości. W sytuacjach niejasnych orientujemy się według zupełnie przypadkowych „kotwic". I dlatego w języku fachowym mówimy o „heurystyce zakotwiczenia". Zjawisko to, między innymi, zademonstrowali psycholodzy Kahneman i Tversky w roku 1974 w swoim sławnym już eksperymencie: uczestnicy badania pytani są o to, ile państw afrykańskich należy do ONZ. W tym samym czasie obserwują, jak eksperymentator kręci kołem fortuny, na którym znajdują się liczby od 0 do 100. Wyniki są zadziwiające i wstrząsające jednocześnie: wysokim liczbom losowanym na kole fortuny towarzyszą szacunki wysokie, liczbom niskim – niskie. Choć uczestnicy mają pełną jasność, że liczba losowana na kole fortuny jest całkowicie przypadkowa, wykorzystują ją jako podstawę dla swoich szacunków.

Inny eksperyment pokazał, że goście restauracji o nazwie „Studio 97" średnio wydają tam więcej pieniędzy niż goście restauracji nazwanej „Studio 17".

Także restauracje niemające liczb w nazwie wykorzystują efekt zakotwiczenia. Ten numer znasz zapewne z własnego doświadczenia: otwierasz kartę dań, patrzysz na kilka pierwszych przekąsek i niewiele brakuje, byś zemdlał. Po prawej stronie widzisz same dwucyfrowe kwoty, i to zdecydowanie nie najniższe. I to za samą przekąskę! Kiedy docierasz do dań głównych, „kotwica" już działa. Oczywiście ceny także i tu są po prostu bezczelne, ale teraz nie rzuca ci się to już tak bardzo w oczy, gdyż przyzwyczaiłeś się już do poziomu cen. I oto mamy wyjaśnienie heurystyki zakotwiczenia – siła przyzwyczajenia, która działa tyleż niezawodnie, co błyskawicznie, o czym już się przekonaliśmy (zob. s. 18).

Choćby na pierwszy rzut oka taka kotwica wydała nam się przydatna w radzeniu sobie ze złożonością, to rzut drugi pokazuje, że zniekształcenia w kierunku kotwicy prowadzą do całkowicie nieracjonalnych i błędnych decyzji. A to z kolei niekoniecznie jest pomocne.

Teraz moglibyśmy się pocieszać, wmawiając sobie, że efekt zakotwiczenia będzie szczególnie mocno oddziaływał na „ignorantów" i laików. Jednak w roku 1987 badacze Northcraft i Neale udowodnili, że efekty te są tak silne, że zapędzają w kozi róg nawet ekspertów: dwie grupy osób badanych, studenci versus agenci nieruchomości, szacowały ceny nieruchomości. Broszury informacyjne, które mieli do dyspozycji uczestnicy badania, różniły się tylko i wyłącznie ceną katalogową. Okazało się, że zarówno decyzje laików, jak i ekspertów pozostają pod silnym wpływem liczb pełniących funkcję kotwicy.

Jeśli więc, pomimo posiadanej wiedzy, nie jesteśmy w stanie uwolnić się od tych efektów – to w jaki sposób możemy je przynajmniej wykorzystać na naszą korzyść?

Ogólnie rzecz ujmując, indywidualnie odczuwana strata lub korzyść zależy w większości wypadków od pierwszej oferty. Liczba, która pojawia się jako pierwsza, w ogromnym stopniu wpływa na dalszy przebieg zdarzeń.

A to konkretnie dla ciebie oznacza, że jeśli miałbyś kiedyś na przykład przyjemność ubiegać się przed sądem o odszkodowanie, warto możliwie wcześnie rzucić jak najwyższą kwotę. Wartość ta posłuży za kotwicę. Kto żąda więcej, zazwyczaj więcej dostaje (choć może ostatecznie ponieść wyższe koszty procesowe, jeśli przegra...)! Albo – w rozmowach czy negocjacjach – możesz osiągać lepsze wyniki, kiedy to ty wrzucisz do gry pierwszą liczbę. I to taką, która, wręcz przesadnie, jest korzystna dla ciebie. Warto spróbować – podczas kolejnej rozmowy o podwyżce...

Możemy też wykorzystać pewną odmianę heurystyki zakotwiczenia – heurystykę dostępności – by pozbyć się upierdliwych nawyków, żyć zdrowiej, wzmocnić poczucie własnej wartości. Krótko mówiąc, zoptymalizować całe swoje życie. Bo skoro jesteśmy aż tak prości w obsłudze i nasze działania są tak mocno przepełnione błędami, to możemy zrobić z tego możliwie największy pożytek... A jak, dowiesz się z kolejnego rozdziału.

18. DLACZEGO LATANIE WPRAWDZIE RZADKO ZABIJA, ALE BARDZO CZĘSTO JEST PRZYCZYNĄ LĘKU

Jak heurystyka dostępności z psychologii poznawczej może poprawić twoją pewność siebie.

Transport lotniczy uśmierca stosunkowo niewielu ludzi – na przykład w Niemczech od lat nikt nie zginął w katastrofie samolotu liniowego. Kiedy czytasz ten akapit, w Niemczech umrą natomiast trzy osoby z powodu chorób układu sercowo-naczyniowego.

Ryzyko zawału serca wzrasta gwałtownie, kiedy, na przykład, ktoś pali papierosy. Dlaczego więc liczba ludzi, którzy panicznie boją się wsiąść do samolotu, jest tak nieproporcjonalnie większa od liczby tych, którzy boją się zapalić papierosa?

O tym, że latanie jest, statystycznie rzecz biorąc, bezpieczne, powszechnie wiadomo. Samolot jako „najbezpieczniejszy środek transportu" zajął już niemal przysłowiowe miejsce w ludzkich umysłach. Jednocześnie ostatnimi laty nie szczędzono wysiłków, by wszem i wobec nagłośnić, jak bardzo szkodliwe dla zdrowia jest palenie papierosów. Dziś jest to nawet napisane na każdej paczce – między innymi w postaci hasła „Palenie zabija".

Większość z nas wie o tym doskonale. Mimo tego w naszych głowach często latanie jawi się jako niebezpieczniejsze od palenia.

Dlaczego?

I tu padamy ofiarą tzw. heurystyki dostępności. Często podejmujemy decyzje, nie dysponując danymi statystycznymi. Lub dane takie posiadamy, ale albo nie chcemy, albo nie umiemy ich racjonalnie wykorzystać. Zastępujemy więc dane naszymi wspomnieniami i wpadamy w pułapkę „heurystyki dostępności" – o tym, jak często dane zdarzenie zachodzi w świecie, wnioskujemy po prostu na podstawie tego, jak dostępne jest ono w naszej pamięci. To takie proste: sprawy, które sobie łatwo przypominamy, uznajemy za bardziej prawdopodobne niż te, które przypomnieć jest nam sobie trudniej. I tak na przykład w dużych halach z grami losowymi, w których znajduje się wiele automatów, gracze mają skłonność do inwestowania znacznie większych sum pieniędzy niż w halach małych. Ponieważ w wypadku wielu automatów w jednym miejscu częściej obserwujemy wypłatę wygranej niż wtedy, kiedy automatów jest mniej, to gracze nieświadomie zakładają, że prawdopodobieństwo ich własnej wygranej jest wyższe.

A obrazy katastrof lotniczych niemal każdy z nas jest w stanie przywołać z pamięci natychmiast, na zawołanie. O katastrofach lotniczych mówi się w telewizji, a ruchome obrazy wbijają się w naszą pamięć. Ponadto katastrofy lotnicze dostarczają obrazów bardzo emocjonalnych, a emocje dodatkowo wzmacniają zdolność zapamiętywania (więcej na ten temat w rozdziale „Gdzie stałeś w chwili, w której nagle stanął świat? Jesteś *pewien*?", s. 175). Zdecydowanie rzadziej mamy sposobność oglądać konkretne osoby umierające na zawał serca. Choć do takiego zdarzenia dochodzi co kilka minut, rzadko jest to nagłaśniane, a już na pewno nie za pomocą ruchomych obrazów. Najczęstsza przyczyna zgonów nie pojawia się zwykle nawet w postaci malutkiej notki w prasie – właśnie dlatego, że jest tak powszechna.

W naszej pamięci zdarzenie „katastrofa lotnicza" jest więc znacznie bardziej dostępne niż zdarzenie „zawał serca". Na skutek pewnego rodzaju „automatycznego myślenia" wnioskujemy więc, że śmierć w wypadku lotniczym jest bardziej prawdopodobna niż śmierć z powodu palenia papierosów. I nawet jeśli słyszymy, że nasze przekonania są ze statystycznego punktu widzenia bzdurne, i tak najczęściej nie dajemy się przekonać. Ten efekt można zademonstrować eksperymentalnie i znany jest jako „efekt uporczywości przekonań". Powyższe dotyczy „normalnego" człowieka, który nie jest lekarzem czy ratownikiem medycznym. Badania pokazują, że lekarze, którzy mają wielu palących pacjentów, sami mniej palą. Obraz chorób wywołanych przez papierosy jest bowiem w ich pamięci dostępniejszy niż obraz katastrofy lotniczej.

Spójrzmy jeszcze na eksperyment ukazujący pewien ważny szczegół: uczestnicy są proszeni o przywołanie z pamięci zdarzeń, w których zachowywali się w sposób pewny siebie. Jedna grupa ma zanotować sześć takich zdarzeń, druga dwanaście. Potem uczestnicy są proszeni, by ocenili własną pewność siebie. Jak ci się zdaje, kto uważa się za bardziej pewnego siebie – ktoś, kto zapisał sześć zdarzeń, czy ktoś, kto przypomniał ich sobie dwanaście? Choć mają więcej dowodów na takie zachowanie, to jednak osoby przypominające sobie dwanaście zdarzeń uważają się za mniej pewne siebie. Dlaczego? Ponieważ musiały nazbierać więcej przykładów własnej pewności siebie, pod koniec miały kłopoty z przypominaniem sobie takich sytuacji. Ci zaś uczestnicy, którzy mieli przypomnieć sobie mniej takich sytuacji, mieli łatwiej – szybko udało im się zebrać sześć przykładów. Eksperyment pokazuje, że przy podejmowaniu decyzji nie chodzi nam o to, jak często jesteśmy sobie w stanie coś przypomnieć, ale jak *łatwo*.

Jakie to wszystko ma znaczenie dla naszego codziennego życia?

Ogólnie rzecz biorąc, przypomnij sobie heurystykę dostępności, kiedy twoje wspomnienia będą chciały cię następnym razem wyprowadzić na manowce. Czasami lepiej jest (powtórnie) przyjrzeć się statystykom albo prowadzić własne zapiski.

A konkretnie, heurystyka dostępności pozwala na wyciągnięcie następujących wniosków:

Po pierwsze: jeśli dopiero co przeczytaliśmy artykuł o morderstwie, to prawdopodobieństwo, że sami zostaniemy zamordowani, ocenimy wyżej niż w sytuacji, w której takiego artykułu byśmy nie przeczytali. Analogicznie działają artykuły o chorobach, rozstaniach, bezrobociu. Unikaj złych wiadomości i zajmuj się tym, co na świecie piękne. To wzmacnia twoją wiarę w dobro – i koniec końców poprawia samopoczucie.

Albo, po drugie, zachowuj się zupełnie odwrotnie: pomyśl o lekarzach, którzy często mają do czynienia z chorymi na raka płuc i dlatego palą mniej niż lekarze nie stykający się na co dzień z takimi chorymi. Jeśli chcesz więc pozbyć się nieprzyjemnego nawyku, konfrontuj się intensywnie i obrazowo z jego konsekwencjami. Chcesz na przykład schudnąć, to powieś sobie zdjęcie człowieka z nadwagą na lodówce.

I po trzecie, coś dla dobrego samopoczucia: przed ważnymi sytuacjami – spotkaniami, egzaminami, randkami – wyobrażaj sobie przeszłe sukcesy. Dzięki temu będziesz bardziej pewny sukcesu i pewniejszy siebie. A samospełniająca się przepowiednia sprawi, że faktycznie częściej osiągniesz sukces.

19. CZY NAPRAWDĘ BÓG DAJE TYLKO TEMU, KTO RANO WSTAJE?

Wykorzystaj „efekt pierwszeństwa–świeżości",
by dostać awans.

Załóżmy, że w firmie, w której pracujesz, pojawiła się fantastyczna możliwość awansu. Ty i kilku twoich współpracowników zgłosiliście się do konkursu. Jest komisja rekrutacyjna, złożona z twojej szefowej, szefa szefowej i szefa szefa szefowej. Masz się zdecydować na jeden termin rozmowy kwalifikacyjnej spośród kilku możliwych. Którą możliwość wybierasz?

❑ Na początku wszyscy są jeszcze z pewnością bardzo surowi i spięci – chyba lepiej w południe lub wieczorem.

❑ W południe wszyscy myślą tylko o jedzeniu, to już lepiej rano lub wieczorem.

❑ Wieczorem wszyscy są już z pewnością zmęczeni i zapewne już w duchu i tak podjęli decyzję, to jednak lepiej rano lub po południu.

Trudny wybór! A może wcale nie?

Podczas podejmowania takiej decyzji mamy dwie dobre drogi – i wbrew pozorom to właśnie osławiony „złoty środek" jest w tym akurat wypadku złym pomysłem.

Możliwość numer jeden: jeżeli chcesz, by komisja rekrutacyjna szczególnie dobrze pamiętała rozmowę z tobą, wybierz najwcześniejszy możliwy termin, najlepiej pierwszy. W psychologii znane jest bowiem ciekawe zjawisko określane jako „efekt pierwszeństwa". Efekt pierwszeństwa opiera się na następującej prawidłowości: nasz system pamięciowy lepiej pamięta informacje wcześniejsze od tych nadchodzących później. Ponieważ przy pierwszych informacjach nie mamy jeszcze w pamięci nic, co mogłoby wpływać na zapamiętywanie lub wręcz je utrudniało. Plotki i uprzedzenia na przykład (więcej na ten temat w rozdziale. „Dlaczego kobiety *naprawdę* nie umieją parkować, a faceci *naprawdę* nie potrafią słuchać", s. 179) działają tak dobrze właśnie dzięki efektowi pierwszeństwa: jeśli gdzieś od kogoś usłyszę, że moja nowa sąsiadka to „głupia krowa", to na niewiele jej i mnie się zda, że w niedzielne przedpołudnie przed wizytą teściowej pożyczyła mi słodzik albo że w czasie mojego urlopu karmi mojego kota – czyli że w rzeczywistości okazuje się niezwykle miłą i otwartą osobą. Interpretuję jej zachowania jako zagrania taktyczne i podlizywanie się – po prostu dlatego, że zapamiętana została pierwsza informacja, która – „niewzruszona" innymi wrażeniami – teraz sprawia, że nawet nowe, sprzeczne obserwacje mają utrudniony dostęp do mojej pamięci i nie zostają w niej właściwie zapisane. Informacje zmagazynowane w naszej pamięci zachowują się jak my sami: podoba nam się to, co jest do nas podobne. Jest to dobrze nam znane pierwsze wrażenie, które ma podstawowe znaczenie i niemalże „wypala się" w naszej pamięci (zob. też wyjaśnienia efektu halo na s. 85).

Ale jeżeli jesteś typem sowy i obawiasz się, że o poranku wprawdzie wywrzesz na szefach pierwsze wrażenie, ale będzie ono mocno niewyspane i niezbyt korzystne – masz jeszcze drugą możliwość: efekt pierwszeństwa ma swój czasowy odpowiednik – „efekt świeżości". A w efekcie świeżości chodzi o to, że informacjom przetwarzanym jako ostatnim jest przypisywane duże znaczenie. Łatwiej je sobie przypominamy, gdyż nie zostały niczym nadpisane. Dlatego mimo potencjalnego wycieńczenia szefów wybierz termin możliwie późny, najlepiej ostatni.

Efekt świeżości jest, między innymi, bardzo lubianą sztuczką w psychologii sprzedaży. Zobacz jeszcze raz oczami wyobraźni kilka twoich ostatnich zakupowych wypraw: kiedy, pomimo intensywnego doradzania, wciąż jeszcze nie masz pewności, czy należy „chwytać okazję", jeszcze brakuje ci stuprocentowej pewności, że naprawdę chcesz kupić szminkę trzykrotnie droższą od pozostałych – co robi sprzedawczyni? Zazwyczaj mówi coś w rodzaju: „Jest *troszkę* droga, ale za to *dziesięć razy* bardziej wydajna!" albo: „Jeśli zainwestuje pani *troszkę* więcej, może pani *znacząco* przyczynić się do ochrony środowiska dzięki zastosowaniu bla-bla-bla!". Próbuje w taki sposób jeszcze nakarmić cię ostatnią informacją, której twój mózg przypisze duże znaczenie i która ostatecznie cię przekona. Fachowo nazywamy do „argumentem rezerwowym".

Obydwa efekty mogą się wzajemnie znakomicie uzupełniać – wtedy mówimy o „efekcie pierwszeństwa–świeżości". Osiągniesz najwięcej, jeśli uda ci się wywrzeć zarówno pierwsze, jak i ostatnie wrażenie. Może więc zdobędziesz pierwszy termin, a potem spotkasz komisję rekrutacyjną po całodniowym maratonie „przypadkiem" na korytarzu, by jeszcze szybko podziękować za miłą rozmowę i życzyć udanego wieczoru. W dyskusjach grupowych umocnisz pozycję, jeśli wypowiesz ważne kwestie na początku i na końcu dyskusji.

I tak oto udało się wreszcie naukowo zrehabilitować tych, którzy nie lubią rano wstawać.

20. HALO, HALO! DZIĘKI EFEKTOWI HALO MOŻESZ ZAPUNKTOWAĆ (I ZOSTAĆ WYPUNKTOWANYM)

Ten trik z psychologii społecznej
uczyni cię sympatyczniejszym.

Siedzisz z mężem w pięknej restauracji przy cudownej kolacji w blasku świec. Dobre jedzenie, piękna muzyka, miła rozmowa – wszystko jest idealne.

Choć, w zasadzie, prawie wszystko.

Nie umknęło oczywiście twojej uwadze, że atrakcyjna blond kelnerka idealnie trafia w gusta twojego męża, uaktywniając jego instynkt łowiecki. Już na samym początku, całkiem jawnie, rzucał jej pełne zachwytu spojrzenia.

Wraz z biegiem wieczoru coraz bardziej się rozluźniasz. Kelnerka okazuje się wyjątkowo głupią lalunią: najpierw pomyliła zamówienia. Potem nie z tej strony wlewała wino do kieliszków. A na koniec, podczas sprzątania, przed całą zebraną ekipą spadł jej talerz.

„Ale niefart", myślisz sobie, nie skrywając radości z jej nieszczęścia.

„Ależ ona nie jest dla mnie żadną konkurencją. Mojemu mężowi podobają się wprawdzie blondynki, ale nie idiotki".

Podają rachunek. Kątem oka w osłupieniu rejestrujesz, jak twój mąż daje tej lasce przesadnie suty napiwek.

„To było prawie 30 procent!", syczysz. „Nie sądzisz, że napiwek powinien choć trochę odzwierciedlać jakość obsługi?"

Niewykluczone, że ta historyjka nie wydaje ci się wcale taka niezwykła – i zawsze to wiedziałaś: w końcu strawa dla oka też się liczy. I to nie tylko podczas kolacji, lecz także w biurze, w szkole, przy sklepowej kasie, wszędzie. Pozwalamy, nawet tego nie zauważając, by atrakcyjni ludzie owijali nas sobie wokół palca.

I nie jest to tylko wrażenie, udowodniono to naukowo. W języku fachowym nazywamy to „efektem halo" – wcale nie dlatego, że odkryła go pewna atrakcyjna pani Halo, ale dlatego, że po grecku „halo" oznacza aureolę (inna nazwa to „efekt aureoli"). Nazwa opisuje następujące zjawisko: określona właściwość osoby i spostrzeganie tejże właściwości przez innych przyćmiewa inne cechy do tego stopnia, że całkowicie zniekształca całościowy obraz tej osoby. Często jest to wygląd zewnętrzny, ale może to być także każda inna cecha, na przykład czyjaś wyjątkowa uprzejmość albo fakt bycia synem słynnej matki. Efekt halo działa oczywiście wyjątkowo mocno wtedy, kiedy dla drugiej strony właśnie ta „promieniejąca" właściwość znaczy szczególnie dużo.

Kiedy dana osoba cała promienieje światłem pozytywnej, w naszym postrzeganiu, właściwości, przypisujemy jej w ramach bonusu od razu wszystkie inne możliwe pozytywne cechy: inteligencję, pracowitość, wytrwałość, kompetencje społeczne i uzdolnienia muzyczne. Jeśli zaś dostrzegamy u niej jedną dominującą, negatywną właściwość, to w ramach kary wrzucamy jej na garb całe mnóstwo ujemnych przymiotów.

Nieoficjalnie wielu kadrowców od dawna potwierdza, że wolą kandydatów atrakcyjniejszych. I kto z nas nie doświadczył z niedowierzaniem, jak „pomysły" szczególnie atrakcyjnej koleżanki na zebraniu zespołu wyjątkowo dobrze trafiają w gusta przełożonego.

Dziesięć osób może wcześniej wypowiedzieć dokładnie to samo – ale to w chwili, w której nasza piękność otwiera swe usta, treści nabierają powiewu świeżości i geniuszu. Dziewięciu na dziesięciu mężczyzn przyznaje w ankietach, że wygląd ma kluczowe znaczenie dla kariery. Wszystko dzieje się tak jawnie i bez ogródek, że dla niektórych operacja plastyczna jest inwestycją w karierę. W Nowym Jorku jeden z chirurgów plastycznych pociągnął temat, oferując „Pakiet dla starających się o pracę", w Niemczech pewna klinika ogłasza się słowami: „Dowiedziono naukowo, że ładni ludzie łatwiej robią karierę niż ludzie, którzy w sferze urody nie zostali przez naturę tak hojnie obdarowani".

I – choć możemy się z tym czuć nieswojo bądź też nie – tak właśnie jest. Efekt halo został – o ile było to w ogóle potrzebne – wielokrotnie potwierdzony eksperymentalnie. Amerykańscy psycholodzy Thorndike i Allport już podczas pierwszej wojny światowej odkryli, że oficerowie przypisywali swoim żołnierzom wszystkie możliwe zdolności, jeśli ci ostatni byli przystojni i chodzili wyprostowani.

Dziś badania płac regularnie wykazują, że atrakcyjni mężczyźni zarabiają o 15 procent więcej niż ich wizualnie upośledzeni koledzy. Naukowy „indeks otyłości" pokazuje, w jaki sposób nadwaga negatywnie wpływa na wysokość zarobków, podobne działanie ma też zbyt niski wzrost. W interesującym eksperymencie badane osoby miały ocenić kompetencje fikcyjnego kandydata. Dostali jego życiorys – jedna grupa ze zdjęciem atrakcyjnego człowieka, druga dokładnie to samo CV, jednak ze zdjęciem przedstawiającym osobę mniej atrakcyjną. Kandydat z ładnym zdjęciem konsekwentnie wypadał lepiej.

Niektórzy czerpią korzyści z efektu halo już od chwili narodzin – ładnym noworodkom poświęca się w szpitalu więcej uwagi, lepiej się o nie dba, a to przekłada się na ich szybszy rozwój.

Jakie znaczenie ma efekt halo dla naszego codziennego życia? Jeżeli sami chcemy postępować w miarę sprawiedliwie, powinniśmy ciągle sobie przypominać o jego istnieniu. Nie jesteśmy zdani na jego łaskę, możemy mu przeciwdziałać, odwołując się do możliwie wielu obiektywnych kryteriów w ocenie ludzi. Ale czasami po prostu chcemy preferować ładniejszych ludzi – bo czynią nasze otoczenie przyjemniejszym. Nie ma w tym nic złego, ale powinniśmy być tego świadomi.

Chcąc zaś samemu skorzystać z efektu aureoli, nie musimy od razu dać się pokroić, jeśli natura poskąpiła nam wyglądu modelki czy modela. Przypomnij sobie, że efekt aureoli działa dla różnych właściwości – jeżeli tylko są one właściwościami cenionymi przez osobę oceniającą. Przypuśćmy, że twój przełożony wyjątkowo ceni sobie ludzi z dobrą pamięcią – zaskocz go kilkoma celowymi pamięciowymi wyczynami. Wtedy automatycznie przypisze ci kilka innych zdolności. Jeśli wiesz, że twój rozmówca w rozmowie kwalifikacyjnej doceni osoby z osiągnięciami sportowymi, opowiedz, jak to już w młodości z drużyną zdobywałeś liczne puchary. Niektórzy mogą to nazwać wazeliniarstwem – my nazywamy to wazeliniarstwem *uzasadnionym naukowo*.

21. WANNA CZY SZAFA NA BROŃ?
JAK REAGUJEMY NA STRES

Najnowsze odkrycia dostarczane
przez badania nad stresem mogą ci pomóc
w krytycznych sytuacjach życiowych.

Godzina 15:30 w gabinecie twojego szefa. Z silnymi objawami nad-
ciśnienia biega on przed tobą po swoim nowym włochatym dywa-
nie w tę i z powrotem. „To, czego dokonał pan w zeszłym tygodniu,
naprawdę nie nadaje się do rozgłaszania. Całkowicie błędne dane,
które zawarł pan w projekcie... I najwyraźniej nie odczuwa pan rano
także potrzeby, by pojawić się w biurze przed dziesiątą. Wygląda na
to, że powinienem się cieszyć, że w ogóle nas pan zaszczyca swoją
obecnością. Wydaje mi się, że dawno już się panu nie paliło koło
tyłka! Proszę, mam tu coś dla pana...".
...na stole przed tobą z głośnym hukiem ląduje kilka segregatorów,
a szef w trakcie rzutu niemal traci równowagę, w ostatniej chwili
odzyskując ją dzięki stojącemu pulpitowi...
„...jutro rano sprawa jest załatwiona, jasne? A teraz won stąd!"
Bierzesz głęboki wdech, ale oto stoisz już na korytarzu, a szef
głośno zatrzasnął za tobą drzwi.
A przecież masz mu tyle do powiedzenia! Że błędne liczby nie były
od ciebie, tylko z zupełnie innego działu. A dziś rano kolej podmiejska

znów miała awarię – no i że robota, którą właśnie trzymasz pod pachą, jest niemożliwa do wykonania na jutro.

Na skali od jednego do sześciu – która reakcja jest ci bliższa?

Idę do biura, otwieram szafę z bronią, wyciągam karabin maszynowy i wracam do szefa...

1 ☐

2 ☐

3 ☐

4 ☐

5 ☐

6 ☐

Idę do biura, przygotowuję sobie gorącą kąpiel z pianą, kładę się w wannie z kieliszkiem białego wina i obdzwaniam kilka przyjaciółek...

Najprawdopodobniej nie wybierzesz ani 1, ani 6, ponieważ, o ile panują u ciebie w miarę normalne warunki, nie masz w biurze ani szafy z bronią, ani wanny. Niewykluczone, że nasze czytelniczki pomyślały sobie przy pierwszej reakcji „faceci", a czytelnikom podczas lektury opcji drugiej przemknęło przez myśl „kobiety". I niewykluczone, że będąc mężczyzną, zakreśliłeś 2 lub 3, a będąc kobietą wybrałaś 4 lub 5. (Wyjątki potwierdzają regułę, więc nie denerwuj się, jeżeli twoja odpowiedź nie wpisuje się w podany schemat. Lepiej czytaj dalej i zobacz, jak można sobie najskuteczniej radzić ze zdenerwowaniem...).

Wszystko tylko stereotypy? Nie, nauka! Dopiero niedawno naukowo wykazano, że mężczyźni i kobiety odmiennie reagują na stres.

I o to tutaj chodzi – o reakcję na stres. Wszyscy jesteśmy w stanie stwierdzić, kiedy go odczuwamy. Ale czym właściwie jest „stres"? Słowo „stres" było używane początkowo w fizyce, gdzie opisywało nacisk na materiał. Dopiero na początku dwudziestego wieku lekarz, Hans Selye, przeniósł je na obszar psychologii*. Stres opisuje stan organizmu próbującego poradzić sobie z różnymi bodźcami, tzw. stresorami. Stresory to wszelkie zdarzenia, które wytrącają nas [nasz organizm – przyp. tłum.] z równowagi. Wymagają od nas reakcji przystosowawczej. Stresory mogą pochodzić z zewnątrz: niespodziewana kałuża kawy w kuchni, kiedy i tak już okrutnie się śpieszymy. Zadanie, które przydzielił nam szef na pięć minut przed końcem pracy. Idiota na drodze przed nami, który nagle ni stąd ni zowąd wciska hamulec. Teściowie, którzy w sposób nie tylko niezapowiedziany, lecz także wyjątkowo niefortunny, postanowili zwalić ci się na głowę w weekend.

Ale stresory mogą powstawać też w naszym wnętrzu, na przykład kiedy chcąc osiągnąć cele, sami nakładamy na siebie presję: chcąc zająć miejsce w pierwszej dziesiątce w miejskim maratonie albo dążąc do awansu jeszcze w tym roku, albo chcąc schudnąć dziesięć kilogramów (lub tylko dwa). Także lęki mogą być wewnętrznymi stresorami, kiedy, przykładowo, wieczorem w klubie cały czas jesteśmy spięci w obawie, że spotkamy naszego byłego partnera. Albo kiedy obawiamy się, że nasz biurowy romans z koleżanką wyjdzie na jaw.

Stres odczuwamy tym silniej, im bardziej konieczna reakcja adaptacyjna przekracza dostępne nam zasoby i nasze możliwości – na przykład czas, pieniądze, siłę czy zdolności, które mamy do dyspozycji. Ponieważ różni ludzie mają do dyspozycji różne zasoby, jedno i to samo zdarzenie może wywołać silny stres u jednego człowieka, podczas gdy ktoś inny pozostanie całkiem niewzruszony. Stres jest szczególnie silny w sytuacjach, w których jesteśmy przekonani, że czynnik wywołujący go nie podlega naszej kontroli. Jeśli więc nie tylko szef zwala nam na głowę za dużo pracy, ale jeszcze traktuje nas niesprawiedliwie i nie daje szansy na usprawiedliwienie się – nasze ciśnienie skoczy wyjątkowo gwałtownie.

---

* Tu zdania uczonych są podzielone – np. Robert Sapolsky (*Dlaczego zebry nie mają wrzodów*, PWN, Warszawa 2010, s. 17) twierdzi, że to fizjolog, Walter Cannon, zapożyczył pojęcie „stres" z fizyki, Selye zaś je sformalizował (przyp. tłum.).

Przystosowanie się do działania stresora, w języku fachowym „adaptacja", zachodzi w trzech fazach: najpierw nasze ciało bije na alarm. Jest to stan krótkiego pobudzenia, sprawiający, że jesteśmy czujni i wrażliwi na to, co dalej stanie się ze stresorem. W tym momencie podnoszą się, na przykład, ciśnienie krwi i częstość oddychania, węzły chłonne zwiększają objętość. Podnosi się poziom niektórych hormonów we krwi. Jeśli stresor się utrzymuje, organizm wchodzi w fazę drugą – fazę odporności. Na tym etapie mobilizowane są zasoby, by dać odpór stresowi. Jeżeli jednak stres nadal się utrzymuje, przez dłuższy czas, to w końcu się męczymy i wyczerpujemy – na dłuższą metę wpędza nas to w chorobę*.

Badania nad stresem prowadzone są od wielu lat z udziałem ludzi i zwierząt – i do niedawna wychodzono z założenia, że istnieje uniwersalna reakcja na ostry stres: walka lub ucieczka, po angielsku *fight-or-flight*. Psy i ludzie, tak zakładano, w sytuacji stresu albo bezpośrednio atakują, albo uciekają. Widać to przecież w każdym parku, zawsze u psów, a czasami i u ludzi...

Dopiero jakieś dobre dziesięć lat temu zauważono, że w takich badaniach obserwowane są zachowania przede wszystkim osobników płci męskiej (i mężczyzn). U kobiet odkryto nagle zupełnie inny wzorzec, określony jako „reakcja opieki–zaprzyjaźniania" (ang. *tend--and-befriend*)**. Podczas kiedy w sytuacjach stresu mężczyźni stają się agresywni, kobiety w większym stopniu troszczą się o własne potomstwo i pielęgnują więzi społeczne.

Wzorce te mają swoje źródła we wczesnych etapach ewolucji gatunku ludzkiego. Wtedy dla samotnie polującego mężczyzny zachowaniami skuteczniejszymi była walka z napastnikiem bądź uciecz-

---

* Przedstawiony tu opis reakcji stresowej jest mocno skrócony i uproszczony; dokładny i pełny fizjologiczny opis procesów zachodzących w ciele podczas stresu, w tym także koncepcję Selyego, można znaleźć w: R. Sapolsky, *Dlaczego zebry nie mają wrzodów*, PWN, Warszawa 2010, rozdz. 1 (przyp. tłum.).
** Polski Czytelnik znajdzie szczegółowe omówienie tego wątku w rozdziale 2 wspomnianej książki Sapolsky'ego (przyp. tłum.).

ka przed nim – natomiast kobiecie, opiekującej się potomstwem, żadna z tych możliwości nie przynosiła szczególnych korzyści (a już potomstwu z całą pewnością nie). Dla kobiety skuteczniejszą formą działania była ochrona potomstwa i tworzenie więzi społecznych z innymi kobietami, które mogły pomóc w sytuacji kryzysowej.

Nie mamy nic przeciwko przyjemnej kąpieli czy hucznej strzelaninie – jak pokazuje jednak przywołany przykład, we współczesnym świecie żadna z powyższych możliwości w swojej czystej postaci nie rozwiązuje sytuacji stresowej w sposób optymalny (nawet jeśli niektórzy w tym miejscu energicznie nam zaprzeczą...). Oba zachowania mają swoją rację bytu: badania systematycznie pokazują, że dysponując dobrą siecią wsparcia społecznego, lepiej bronimy się przed sytuacjami stresowymi. Zwłaszcza z chorobami lepiej radzą sobie ludzie, którzy mają wokół bliskich. Pomocne jest także odzyskanie kontroli – a więc walka. Da się to zrobić, nawet nie dysponując szafą pełną militariów, a (przeważnie) mężczyźni mają wielką frajdę w odkrywaniu codziennie na nowo możliwości, jakie daje im arsenał związany z pozycją zawodową...

Co ta wiedza daje nam w naszym codziennym życiu? Po pierwsze łatwiej będzie nam poradzić sobie z otaczającymi nas ludźmi, wiedząc, czego możemy się po nich spodziewać w sytuacji stresu. Po drugie możemy wyciągnąć wnioski na przyszłość – i przygotować się na kolejną sytuację stresową, w której sami się znajdziemy. Łącz świadomie obie strategie, w które wyposażyła nas Matka Natura – przyjaźń i walkę. W tym konkretnym przykładzie optymalne rozwiązanie mogłoby wyglądać następująco: najpierw do domu, potem kąpiel w pianie i telefony do przyjaciół, przespać się z problemem i rano spokojnie i rzeczowo przedstawić szefowi swoje zdanie.

22. ROŚLINY DONICZKOWE (CZASAMI) NAS USZCZĘŚLIWIAJĄ

Doświadczenia własnej skuteczności są kluczem
do szczęścia – i można je osiągnąć zupełnymi drobiazgami.

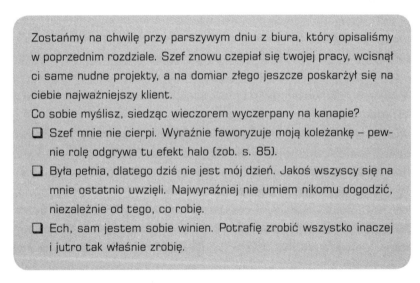

Zostańmy na chwilę przy parszywym dniu z biura, który opisaliśmy w poprzednim rozdziale. Szef znowu czepiał się twojej pracy, wcisnął ci same nudne projekty, a na domiar złego jeszcze poskarżył się na ciebie najważniejszy klient.

Co sobie myślisz, siedząc wieczorem wyczerpany na kanapie?

❏ Szef mnie nie cierpi. Wyraźnie faworyzuje moją koleżankę – pewnie rolę odgrywa tu efekt halo (zob. s. 85).

❏ Była pełnia, dlatego dziś nie jest mój dzień. Jakoś wszyscy się na mnie ostatnio uwzięli. Najwyraźniej nie umiem nikomu dogodzić, niezależnie od tego, co robię.

❏ Ech, sam jestem sobie winien. Potrafię zrobić wszystko inaczej i jutro tak właśnie zrobię.

Wybór ostatniej odpowiedzi może w pierwszej chwili wydać się nieco bolesny: leżysz wieczorem na kanapie, a cała odpowiedzialność za mizerię dzisiejszego dnia spoczywa w całości na twoich barkach. To może nieźle uwierać. Mimo to masz duże szanse, że pożyjesz parę lat dłużej – a dodatkowo jeszcze, że będziesz szczęśliwszy niż ci, którzy wybrali odpowiedź pierwszą lub drugą.

To, jak bardzo ktoś jest zadowolony ze swojego życia, zależy bowiem w ogromnym stopniu od tego, jak silne jest jego „poczucie kontroli". Jest to przekonanie, że sam mam wpływ na to, co dzieje się w moim życiu. W rozdziale „«Głupia krowa» czy «głupio wyszło»? Jak widzimy siebie i resztę świata" (s. 22) już widzieliśmy, że w naszym kręgu kulturowym raczej mamy zwyczaj zakładać, że to ludzie, a nie „czynniki zewnętrzne" są odpowiedzialni za pewne, dotyczące ich zdarzenia. A teraz chodzi konkretnie o pytanie, na ile sam masz wrażenie, że to *właśnie ty* jesteś tym człowiekiem, który kieruje zdarzeniami we własnym życiu – a nie ludzie dookoła ciebie, na których „łaskę" jesteś zdany.

Kiedy ludzie są nieszczęśliwi, powodów może być wiele. Jeden można jednak zaobserwować niemal u wszystkich: utracili w jednym lub w większej liczbie obszarów kontrolę nad swoim życiem. Znasz to? Czujesz się bezsilny, bezradny? Masz wrażenie, że ledwo funkcjonujesz, że jesteś bezwolny jak marionetka? Że utraciłeś kontakt sam ze sobą? To nie tylko czyni cię nieszczęśliwym, ale także chorym! Zawał serca i depresja są najczęstszymi konsekwencjami długo utrzymującego się braku suwerenności.

Dobra wiadomość brzmi: *jesteś* w stanie to zmienić. Istnieje pojęcie odwrotne – tzw. poczucie własnej skuteczności. Jest to doświadczenie „*Ja* jestem w stanie kształtować własne życie! *Ja* jestem w stanie własnymi siłami zmieniać sprawy wokół mnie!".

I nie chodzi tu o jakieś wielkie zmiany życiowe, o jakich co i rusz czytamy w gazetach („Ci ludzie radykalnie zmienili swoje życie: Sylwia (42) – od odnoszącej sukcesy bizneswoman do wstrzemięźliwej zakonnicy w Afryce, Stefan (38) – od zadeklarowanego wielkomiejskiego singla do samowystarczalnego rolnika z rodziną patchworkową"). Już bardzo niewielkie zmiany wystarczają, by do naszego życia powróciły kontrola i zadowolenie.

Jak małe mogą być to zmiany, pokazał ciekawy eksperyment prowadzony w domu opieki. Ludzie tam żyjący często mają poczucie, że o niczym nie mogą już decydować. Dlatego mówi się mieszkańcom domu opieki, że sami mogą podjąć decyzję, czy chcą mieć w pokoju roślinę doniczkową, którą będą samodzielnie pielęgnować i za którą będą całkowicie odpowiedzialni. Grupa kontrolna dostaje roślinę „z przydziału" i jest informowana, że personel będzie się nią zajmował i oni sami nie muszą się o nic troszczyć.

Później uczestnicy eksperymentu są pytani o poziom zadowolenia z własnego życia. Rezultat robi wrażenie: grupa, która mogła decydować o pozornie tak nieistotnym szczególe jak roślinka, jest dużo bardziej zadowolona niż grupa kontrolna. A teraz bomba: półtora roku później odsetek zgonów w grupie, której dano tę jakże niewielką możliwość podejmowania samodzielnych decyzji, wynosił 15 procent, a w grupie kontrolnej 30 procent, a więc dwukrotnie więcej!

Dlatego nasza rada: przełamuj rutynę! – przełamuj codzienność i zasady, szczególnie te domniemane. Zacznij od małych spraw, inaczej polegniesz. Rzucaj codziennie lasso i chwytaj mały kawałek kontroli, przywracając ją krok po kroku do twojego życia!

Jeżeli, przykładowo, podczas zebrań zespołu ciekawe tematy przydzielane są wyłącznie koleżance, po prostu powiedz: „To jest coś, czym *ja* bym się chętnie zajął!". Szefa ucieszy twoje zaangażowanie. Jeśli w życiu prywatnym twoja najlepsza przyjaciółka codziennie kradnie ci cztery godziny życia, ponieważ musi szczegółowo omówić z tobą własne problemy, powiedz: „Teraz chcę mieć godzinę dla siebie".

I mamy tu jeszcze przykłady na pierwszy rzut oka beznadziejne – już tysiące razy próbowaliśmy coś zmienić, nadaremnie. „To się nigdy nie uda!", myślimy. Ale co by było, gdyby jednak było to możliwe? Załóżmy na przykład, że rano ledwo zwlekasz się z łóżka, bo z jakiegoś powodu u was w pracy wszyscy muszą się stawić na miejscu o 7.30, choć o tej porze nigdy nic się nie dzieje. Oddałabyś wszystko za tę jedną dodatkową godzinę porannego snu, by móc wieczorem położyć się godzinę później. Już wiele razy pytałaś szefa, a on już wiele razy odpowiadał „nie". Ale istnieje trik skuteczny w 95 procentach takich sytuacji: poproś, abyś mogła wypróbować taką formułę przez tydzień. Nasze doświadczenie podpowiada, że prawie nikt nie staje okoniem, żeby coś *wypróbować* przez tydzień. Tymi wszystkimi drobiazgami nie uda ci się zmienić świata. I wcale nie o to tutaj chodzi. Chodzi o poczucie szczęścia, które będzie ci towarzyszyło, kiedy wieczorem padasz na łóżko, ponieważ tego dnia odzyskałaś kawałek kontroli nad swoim życiem. I o te parę dodatkowych lat życia...

23. DZIĘKI PROBLEMOWI!

Dlaczego twoja nieświadomość i nasz
wewnętrzny leń to jedna i ta sama banda
– i jak możesz ich przechytrzyć.

Co, czyżby kolejna próba rzucenia palenia się nie powiodła i znowu
wróciłeś do nałogu? Dobre postanowienia noworoczne znowu nie
weszły w etap realizacji? Próba rozwiązania wiecznie tlącego się
konfliktu z sąsiadami również się nie udała?
Chociaż tak bardzo, bardzo mocno to sobie obiecywałeś?
Dlaczego nasz wewnętrzny leń jest silniejszy – i jak stawić mu czoła?

Dlaczego tak często tkwimy w unieszczęśliwiających nas okolicznościach, w naszych wielorakich ograniczeniach i nużących konfliktach – choć jest nam z tym źle i teoretycznie powinniśmy zachowywać się inaczej?

Odpowiedzi łatwiej udzielić, niż ją przyjąć – ponieważ to nam daje
bezpieczeństwo!

„Odbiło ci?", pewnie sobie teraz myślisz. Bo przecież presje i naciski tylko nas ograniczają, czyniąc zależnymi i nieszczęśliwymi.

Z jednej strony jest to męczące i bolesne. Z drugiej strony jednak
tworzy w naszym życiu elegancką strukturę. Wszak już to widzieliśmy
– nasz mózg kocha kontrolę – i nie może znieść jej braku! Czepia

się więc wszystkiego, co daje mu choć pozory kontroli, i dlatego zaakceptuje każdy rodzaj struktury, nawet jeżeli składają się na nią problemy i przymusy. Ta struktura daje nam bowiem „złudzenie kontroli". Złudzenie kontroli ściśle wiąże się z uszczęśliwiającym poczuciem własnej skuteczności, które warto w sobie wykształcić (zob. „Rośliny doniczkowe (czasami) nas uszczęśliwiają", s. 94). Pozwól, że w tym miejscu odwołamy się do kilku rozważań egzystencjalnych. Jest coś, co bardzo rzadko dopuszczamy do świadomości: w porównaniu z całym światem jesteśmy tylko małymi trybikami w gigantycznej maszynie. Czasami poruszamy się siłą naszego własnego napędu, ale często zmuszeni jesteśmy po prostu kręcić się tak, jak jest nam to narzucane. Oczywiście miło byłoby zawsze wiedzieć, co przyniesie przyszłość, żeby móc się na nią przygotować. Ostatecznie jednak zachowując się tak, jakbyśmy mieli sprawy pod kontrolą, sami się oszukujemy. Bo, jeśli będziemy wobec siebie zupełnie szczerzy, nasze życie może się nagle i niespodziewanie całkowicie zmienić i nikt nie będzie się nas pytał o zgodę. Dostajemy cios od losu – albo uśmiecha się do nas fortuna. I to wszystko dzieje się bez naszych aktywnych, celowych działań. Oczywiście możemy prowadzić zdrowe życie. W taki sposób zwiększamy lub zmniejszamy prawdopodobieństwo wystąpienia określonych zdarzeń. Niemniej ostatnie słowo ma jednak ktoś lub coś innego – Bóg, Allach, światło, los, przypadek, nirwana... oczywiście tak długo, jak długo wszystko gra, jest to całkiem wygodne. Ale kiedy zaczyna się psuć, zaczynamy mieć z tym problem.

Te rozważania mają cię uwrażliwić na określone skłonności, które mogą się u nas ujawnić. Jest tu bowiem jeszcze jeden, potężny, nasz własny wewnętrzny gracz – nasza osobista nieświadomość, tkwiący gdzieś głęboko w nas leń i uparciuch. Nasza nieświadomość nie znosi zmian!

Kiedy zaczynamy świadomie zajmować się naszymi nawykami, przymusami, problemami czy konfliktami, nasza nieświadomość najczęściej staje okoniem. Ze strachu, że straci (pozornie) pomocną strukturę. Ponieważ mimo tego, że w życiu wszystko jest niepewne i w niewielkiej mierze podlega kontroli, to jednak istnieje poważna stała, solidne rusztowanie trzymające wszystko w kupie: problemy, nałogi, wewnętrzne i zewnętrzne konflikty – wszystko jedno gdzie, kiedy i z kim. Jeśli bowiem właściwie nic nie wiemy, to jednak dzięki tym problemom, nawykom i konfliktom zawsze i dokładnie wiemy, na czym stoimy, co jest dobre, a co złe, co należy zrobić, a czego unikać, jakich problemów możemy być pewni, czego na pewno nie chcemy, co się nigdy nie zmieni i tak dalej... W ten sposób żywimy przekonanie, że jednak mamy nad naszym życiem jakąś kontrolę – i nasza nieświadomość czuje się w tym złudzeniu jak pączek w maśle.

Właściwie możemy być wdzięczni, że do tej pory wszystko wyglądało tak, jak wyglądało. Wprawdzie czasami z tego powodu nie czujemy się komfortowo lub wręcz cierpimy. Ale mimo wszystko mieliśmy jednak jakąś tam pewność, wrażenie kontroli i (pozorne) doświadczenia własnej skuteczności.

KURCZE, GDYBYM MIAŁA JAKIEŚ PROBLEMY, CHOĆBY KŁÓTNIE MAŁŻEŃSKIE, TO MOJE ŻYCIE WRESZCIE MIAŁOBY JAKIŚ SENS!

To brzmi teraz pewnie bardzo poważnie. Dlatego zdradzimy ci, jak naprawdę możesz zacząć być skuteczny: tam, gdzie jest opór, tam jest właściwa droga! To poetyckie stwierdzenie możesz bardzo konkretnie i namacalnie przełożyć na działania. Jeżeli przyłapiesz się na myślach w stylu: „Eee, palenie wcale nie jest takie złe, znam ludzi, którzy palili i żyli 90 lat", „Postanowienia są po to, żeby je zarzucić" albo „Niech to sąsiedzi zrobią pierwszy krok", to prawdopodobnie właśnie zidentyfikowałeś wskaźnik obrony i oporu.

Wyprowadź teraz swoją nieświadomość w pole. Po pierwsze zapytaj sam siebie: „Co musi się stać, by sprawy przyjęły jeszcze gorszy bieg?", i dokładnie wyobraź sobie ten najgorszy z możliwych scenariuszy, we wszystkich jaskrawych kolorach i dźwiękach: rak płuc, siekiera sąsiada w twojej głowie... A potem kolejne pytanie: „Czy chcę, aby do tego doszło?". Twoja energiczna odpowiedź zabrzmi „Nie!". Zrób „porównanie cen". Która cena jest wyższa – niech wszystko toczy się tak, jak do tej pory, będziesz dalej walił głową w mur – albo rozpoczniesz celowe działania, których celem i realnym skutkiem będzie trwały sukces?

W taki sposób podniesiesz własną motywację do rozpoczęcia działań.

Po drugie: nasza nieświadomość nie byłaby naszą niewiadomością, gdyby nie była nieświadoma. I dlatego jest szczególnie wrażliwa na sygnały o podobnej częstotliwości. Przechytrz ją nieświadomymi programami, tzw. autosugestiami. Powtarzaj w duchu na przykład: „Wykorzystuję siłę mojej wolnej woli i od tej chwili żyję bez papierosów". Nieprzerwanie, wciąż i wciąż. Ważne przy tym jest, byś znalazł wystarczająco wymowne i pozytywne sformułowanie, które odzwierciedli twój cel.

Oczywiście nie chodzi tu o to, byśmy przychylnie nastawili wszechświat do naszej osoby i wysłali w kosmos rozkoszną listę życzeń. Chodzi jedynie o przestrojenie naszej nieświadomości na proces zmiany.

Tam bowiem zmagazynowanych jest mnóstwo pomysłów i możliwych rozwiązań, których nie można świadomie wydobyć, kiedy tkwimy po uszy w sytuacji pełnej presji, problemów i konfliktów. W ten sposób będziesz w stanie wyzwolić te pomysły i przesunąć je do świadomości. Tak naprawdę działa pozytywne myślenie. Wszystko będzie dobrze!

24. W JAKI SPOSÓB DZIĘKI ŻYCIU PO ŚMIERCI MOŻEMY PRZEDŁUŻYĆ ŻYCIE PRZED ŚMIERCIĄ

Za pomocą dogmatów psychologii religii możesz wzmacniać własne zdrowie.

Czy w to wierzysz czy nie, ludzie religijni żyją dłużej. Dowodzą tego liczne badania.

Na którą z przyczyn stawiasz?

❏ Nic dziwnego, wiele religii wprost oferuje pakiet „życie po śmierci".

❏ Religie ograniczają człowieka licznymi nakazami i zakazami, zabraniając także niejednego niezdrowego nałogu.

❏ Religie mogą dać człowiekowi szczególną kontrolę nad własnym życiem.

Religia ma bez wątpienia swoją ciemną stronę – wielu ludzi na przestrzeni tysiącleci było z powodu (nadużywanej) religii uciskanych, a nierzadko i mordowanych. Ludzie od zawsze, także dziś, religię krytykują. I nie każdą krytykę można zignorować. Ale czy zastanawiałeś się czasami, dlaczego religie nadal trwają, już ponad 100 000 lat? Bez wątpienia muszą przynosić ludziom korzyści, inaczej by nie przetrwały, wymierając w toku ewolucji.

Badania prowadzone przez dziesięciolecia rzeczywiście wskazują na pozytywną zależność między przekonaniami religijnymi i długością życia – i nie chodzi tu o życie wieczne po śmierci, którym kuszą nas niektóre religie, ale o całkiem zwyczajne życie przed pogrzebem. Religijne życie ma obniżać prawdopodobieństwo zgonu aż o 30 procent. I wygląda na to, że religia czyni nas także szczęśliwszymi i zdrowszymi. Długo nie udawało się znaleźć przekonującego wyjaśnienia tego zjawiska. Nowsze badania pokazują, że wyniki mogą wiązać się z poczuciem kontroli. Nieco wcześniej (w rozdziale „Rośliny doniczkowe (czasami) nas uszczęśliwiają", s. 94) już widzieliśmy, że zadowolonym i zdrowym jest ktoś, kto ma poczucie kontroli nad własnym życiem.

W jaki sposób akurat religia może nam dostarczyć silniejszego poczucia kontroli, skoro z góry narzuca nam określone wartości i zasady postępowania?

Chodzi tu oczywiście jedynie o codzienne zachowania religijne mas, a nie o destrukcyjne i pełne przemocy działania grup fundamentalistycznych. Codzienna religijność zwykłych ludzi obywa się bez broni i przemocy – nikogo fizycznie „nie zmusza" do przestrzegania głoszonych przez siebie wartości. Na przykład sam fakt, że jestem katolikiem, nie sprawia, że papież osobiście nałoży mi pas cnoty, by, równie osobiście, usunąć go bezpośrednio przed nocą poślubną. Czy postępuję zgodnie z zasadą „zero seksu przed wstąpieniem w związek małżeński", ostatecznie rozstrzygam sam we własnym sumieniu.

Jeżeli identyfikuję się z celami „mojej" religii, to owe cele będą dla mnie w najprawdziwszym tego słowa znaczeniu „święte". Będą mistyczne i pozwolą na pojawienie się szczególnej siły, która mi pomoże przezwyciężyć własną inercję. Bo jest różnica, czy „pomaganie obłożnie chorej sąsiadce w zakupach" jest tylko noworocznym postanowieniem, czy wartością o zabarwieniu religijnym. Mam w sobie więcej siły, by postępować zgodnie z duchową wartością –

i ostatecznie robię to skuteczniej. A to z kolei dostarcza mi fajnego doświadczenia własnej kontroli, które mnie uszczęśliwia i poprawia moje zdrowie, a jednocześnie motywuje do tego, by sprawować kontrolę także nad innymi sferami życia.

Z tego „triku" mogą oczywiście korzystać także osoby niereligijne.

Po prostu naładuj swoje cele jakąś wyższą, promienną wartością – miłością bliźniego, ochroną środowiska, ochroną praw zwierząt, zdrowiem czy po prostu wkładem w budowę lepszego społeczeństwa. Twój organizm podziękuje ci poczuciem szczęścia wynikającym z silniejszego poczucia własnej kontroli. I dłuższym życiem. Przed śmiercią.

25. „PO PROSTU MU SIĘ NIE PODOBASZ". JAK NA WSZYSTKO POTRAFIMY ZNALEŹĆ WYJAŚNIENIE

Złudzenie kontroli może ci pomóc –
a jednak powinieneś się go wystrzegać.

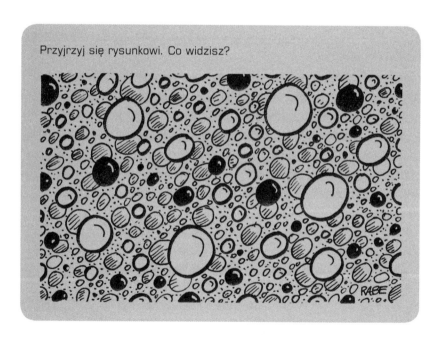

Przyjrzyj się rysunkowi. Co widzisz?

Czy w kropkach udało ci się zobaczyć figury? Zwierzęta? Drzewa? Albo zupełnie nic? Twoja odpowiedź może wiele powiedzieć o twoim aktualnym nastroju. Zaraz rozwiniemy temat.

Najpierw przyjrzyjmy się znanej scenie z telewizji. Pamiętasz może sławny już dialog „Po prostu mu się nie podobasz"* z serialu *Seks w wielkim mieście*? Jedna z bohaterek pyta, dlaczego niedawno poznany facet jeszcze do niej nie zadzwonił. Szuka wszystkich możliwych powodów – aż ktoś do niej woła: „Po prostu mu się nie podobasz!". Scena ta w mgnieniu oka stała się kultowa; powstała nawet książka i osobny film z tym tytułem**. Tematyka – w jaki sposób, za pomocą wszelkich możliwych bzdur i nonsensu, wyjaśniamy otaczający nas świat.

Wcześniej już pokazaliśmy, że szczęśliwy i zdrowy jest ten, kto ma poczucie kontroli nad swoim życiem. Nieszczęśliwy i chory zaś ktoś, komu kontroli brakuje. Istnieją jednak różne poziomy doświadczania

PRAWDOPODOBNIE SĄSIAD JEGO CIOTECZNEGO DZIADKA NIECHCĄCY POŚLIZGNĄŁ SIĘ W SYDNEY NA SKÓRCE OD BANANA I MUSIAŁ NAGLE I NIESPODZIEWANIE ODWIEDZIĆ GO TAM W SZPITALU...

RABE

---

* W oryginale „He's Just Not That Into You"; w niemieckim tłumaczeniu nieco zmieniono sens („Er steht einfach nicht auf Dich" – Po prostu mu się nie podobasz), pozbawiając tytuł słówka „that" – aż tak bardzo, jednak to niemiecki tytuł lepiej oddaje tematykę rozdziału (przyp. tłum.).
** Do Polski film trafił na ekrany kin pod tytułem *Kobiety pragną bardziej* (przyp. red.).

kontroli. Największą kontrolę mam wtedy, kiedy nie tylko rozumiem zależności, ale mogę też aktywnie wpływać na otaczające mnie okoliczności (na przykład, rozumiem zasadę działania telefonu, wiem, że mam numer do nowo poznanej osoby i że ja też mogę do niej zadzwonić – to tak na marginesie). Potem mamy zdarzenia, na które wprawdzie sami nie do końca mamy wpływ, ale które możemy sobie wytłumaczyć. Już sam fakt „wytłumaczalności" daje nam pewien rodzaj kontroli – bo kiedy znamy przyczynę i skutek, oznacza to, że jesteśmy w stanie przewidzieć pewne konsekwencje i, przynajmniej teoretycznie, coś w sytuacji naszej zmienić, oddziałując na przyczynę.

Najgorzej jest wtedy, kiedy brakuje i jednego, i drugiego: kiedy nie mamy wpływu na zdarzenie i nawet nie umiemy go sobie wyjaśnić. Mamy wtedy wrażenie, że jesteśmy zdani na łaskę przypadku i chaotycznego, niedającego się wyjaśnić losu – i kompletnie utraciliśmy kontrolę. Tak samo jest w sytuacji, w której wprawdzie wyjaśnienie mamy jak na dłoni („Po prostu mu się nie podobam"), ale nie chcemy go zaakceptować. Także w tym wypadku „brakuje" nam pod kreską wyjaśnienia tego, co się wokół nas dzieje.

Ta bezradność jest tak nieznośna, że nasz mózg do niej nie dopuszcza. Rozpaczliwie próbuje odzyskać kontrolę – a pierwszym krokiem na tej drodze jest znalezienie wyjaśnienia.

Badania pokazują, że im bardziej wymyka się nam kontrola, tym bardziej angażujemy się w wymyślanie fantastycznych wyjaśnień wszystkiego wokół. I teraz wróćmy do twojej interpretacji kropek przedstawionych wcześniej na rysunku. W eksperymencie dwóm grupom osób zadawane jest dokładnie to samo pytanie – „Co widzisz na tym obrazku?". Ale obie grupy robiły wcześniej odmienne ćwiczenia na wyobraźnię. Ludzie z pierwszej grupy mieli wyobrażać sobie sytuację ze swojego życia, która ich przerosła. Osoby z drugiej grupy miały sobie wyobrażać sytuację, w której były odprężone i sprawowały pełną kontrolę nad zdarzeniami.

Owe odmienne wyobrażenia miały silny wpływ na to, co ludzie widzieli na obrazku. Grupa rozluźniona zupełnie spokojnie i trafnie stwierdzała: „Tu nie ma żadnego systemu". Grupa, która wcześniej wyobrażała sobie swoją bezradność, dostrzegała w rysunku wiele (w rzeczywistości nieistniejących) wzorów i regularności: zwierzęta, figury, słowa. Także wtedy, kiedy osobom badanym pokazuje się bezładne dane giełdowe, jedna grupa dostrzega trendy i regularność. Druga widzi – słusznie – tylko chaotyczny zbiór informacji. Wniosek: kiedy czujemy się bezradni, słyszymy, jak wokół rośnie trawa i ze wszystkich możliwych przypadkowych kawałków informacji składamy sobie wyjaśnienie. Natomiast im silniejsze mamy poczucie kontroli nad naszym życiem, tym bardziej jesteśmy w stanie zaakceptować fakt, że czasami pewne rzeczy są po prostu pozbawionym struktury chaosem.

A teraz odkryjmy karty: obrazek nie zawiera żadnego porządku ani figur. Jest chaotycznym zbiorem kropek. Jeśli też tak to widzisz, wygląda na to, że w tej chwili masz dość silne poczucie kontroli nad własnym życiem. Im więcej porządku dostrzegasz i im bardziej twoja interpretacja odnosi się do struktury, tym większa jest, prawdopodobnie, twoja potrzeba kontroli – i tym bardziej może ci jej teraz w życiu brakować.

Przykładowo przesądy są desperacką próbą podejmowaną przez nasz mózg, by znajdować wyjaśnienia, kiedy czujemy się bezradni. Także teorie spiskowe są wynikiem naszej potrzeby kontroli. Rzadko kiedy świat zachodni czuł się tak bezsilny, jak po tragicznych atakach na nowojorskie World Trade Center z 11 września 2001 roku. I rzadko kiedy świat zachodni sformułował większą liczbę teorii spiskowych. Powstały całe strony internetowe i nawet filmy z wyjaśnieniami. Twardo trzyma się na przykład teza, że to amerykańskie służby bezpieczeństwa wysadziły bliźniacze wieże.

Także na giełdzie potrzeba „kontroli przez wyjaśnienie" może stać się przekleństwem. Im bardziej beznadziejna staje się sytuacja, tym bardziej inwestorzy zaczynają „rozpoznawać" w kursach wzorce i regularności, które w rzeczywistości nie istnieją. I tym bardziej są przekonani, że mają wszystko pod kontrolą – i rzucają siebie (i innych) w coraz głębszą przepaść.

Większość z nas wie, że kominiarze nie przynoszą szczęścia, a czarne koty pecha. Ale od czasu do czasu warto sprawdzić, czy w całkiem sensownie brzmiących wyjaśnieniach nie próbujemy czasem przemycić kominiarza. Może istnieje prawdopodobne wyjaśnienie, którego po prostu nie chcemy zaakceptować. Albo faktycznie wyjaśnienie nie istnieje. To jest dobre ćwiczenie, by czasami dopuścić i wytrzymać to „uczucie" braku wyjaśnienia.

26. JAK SIĘ DOBRZE SPRZEDAĆ W SYTUACJI, W KTÓREJ NIKT CIĘ NIE CHCE

Jak za pomocą sztucznego ograniczenia dostępności z psychologii reklamy możesz się lepiej sprzedać.

Od kiedy twoja przyjaciółka jest z tym nowym facetem, wszyscy dookoła ją podrywają. Wcześniej nawet pies z kulawą nogą się za nią nie oglądał, a teraz jest zasypywana komplementami, zapraszana i pożądana jak nigdy dotąd. I to wszystko dlatego, że ma parę lat więcej, nowy pierścionek na palcu i wory pod oczami? Jak to możliwe, że jej wartość rynkowa wzrosła wbrew prawom natury – czyżby stał się cud? Przecież to niesprawiedliwe, nieprawdaż? I jak ty możesz sprawić, by takie cuda zaczęły dziać się w twoim życiu?

„Cud" można bardzo łatwo wyjaśnić kilkoma tanimi trikami z psychologii reklamy: twoja przyjaciółka sztucznie wytwarza wrażenie ograniczonej dostępności.

Strategię „sztucznego ograniczania dostępności" możesz wykorzystać zawsze wtedy, kiedy chcesz poprawić swoją pozycję negocjacyjną i podnieść swoją „cenę". Nasz rynek podlega wpływom podaży i popytu – cena odzwierciedla relację między tymi zmiennymi.

Nasza codzienna świadomość jest bowiem przekonana, że cena towaru pozwala wnioskować o jego wartości – im drożej, tym lepiej. A to oznacza, że wysokie ceny (pozornie) „dowodzą", że coś trudno dostać, ponieważ jest pożądane, a dostępność ograniczona. I dokładnie tę logikę wykorzystujemy, stwarzając pozory ograniczonej dostępności. Ograniczamy własną dostępność, dostępność naszych usług, naszego produktu – co tylko mamy do zaoferowania. W ten sposób podnosimy cenę. Kiedy na przykład firma Porsche chce jak najszybciej sprzedać model Speedster 911 za ponad 200 000 euro sztuka, wystarczy, że producent ogłosi, że zrobił ograniczoną serię 356 egzemplarzy. I proszę, wózki znikają jeszcze tego samego dnia, w którym zostały przedstawione światu.

Oczywiście wszystko to działa także, kiedy obracamy się w nieco skromniejszym wymiarze. Dlaczego niektóre „oferty" są bardzo mocno ograniczone w czasie? A niektóre rabaty są udzielane „tylko przez chwilę" i „zupełnie wyjątkowo" przedłużane? Pomyśl o „okazjach" w sklepach z elektroniką, limitowanych lokatach z superoprocentowaniem w bankach i kasach oszczędnościowych... Myślisz, że istnieje jakieś rzeczowe, logiczne wyjaśnienie, że daną cenę można utrzymać tylko do tego i tego dnia? I ani sekundy dłużej?

Dlaczego – z psychologicznego punktu widzenia – sztuczne ograniczenie dostępności podnosi atrakcyjność towaru lub usługi, która przecież, obiektywnie rzecz biorąc, jest cały czas taka sama? Efekt da się wyjaśnić za pomocą uzasadniania zainwestowanego wysiłku i teorii dysonansu poznawczego (zob. s. 52): jeśli mój wkład jest znaczący, jeśli naprawdę muszę się postarać, by coś uzyskać, to później wydaje mi się to znacznie cenniejsze. Przecież nie mogę pomyśleć: „Wysilałem się jak osioł, a właściwie te głupoty wcale nie były tego warte". Dla mojego poczucia własnej wartości znacznie korzystniej będzie się samemu trochę oszukać i powiedzieć sobie: „Wprawdzie wysilałem się jak osioł, ale było warto, bo teraz mam to super-mega-fantastyczne coś!".

Poza tym drzemie w nas silna potrzeba bycia postrzeganym jako istoty wyjątkowe, jako indywidualiści, chcemy się wyróżniać z tłumu i być oryginalni. A jak to osiągnąć? Kupując rzeczy, których nie kupi sobie każdy przeciętny Kowalski czy pierwsza lepsza Pipsztycka. Czego się właśnie nauczyliśmy? Po pierwsze: uwaga przy wszelkich promocjach! Sprawdź, czy ci się to naprawdę opłaca. Czasem możesz dostać coś dużo lepszego za dużo niższą cenę.

Po drugie, i ważniejsze: jeśli jesteś singlem i wciąż szukasz swojej drugiej połówki, to za bardzo tego nie pokazuj. Udawaj przed potencjalnymi „ofiarami", że jesteś wyjątkowo-wyjątkowa i bardzo trudno cię poderwać. To jednak nie ma nic wspólnego z tym, że masz się rzadko *pokazywać* – co można z kolei wytłumaczyć „efektem samej ekspozycji" (więcej na ten temat w następnym rozdziale). Po prostu masz być trudna do *zdobycia*! Niech inni się starają, angażują. Ty jesteś rzadkim, cennym dobrem! (Mimo wszystko pozostań jednak uprzejma). Prędko znajdziesz zaangażowanego, wdzięcznego i dumnego nabywcę.

27. MIŁOŚĆ OD 1000. SPOJRZENIA: LEKCJA ŻYCIA Z HOLLYWOOD

Dzięki „efektowi samej ekspozycji"
możesz znaleźć partnera na całe życie
oraz skutecznie podlizać się szefowi.

Komedia romantyczna rodem z Hollywood, pierwsza scena: bohater i bohaterka przypadkowo na siebie wpadają. Może on zapomniał w piekarni parasola, a ona za nim woła. Oboje nie wpadają na swój widok w żaden zachwyt, ich wzajemna ocena nie jest ani szczególnie zła, ani szczególnie pozytywna. O miłości od pierwszego wejrzenia nie ma mowy; oboje zaraz zapominają, że się spotkali.

Ale jako widz już wiesz: oni się pobiorą!

Następnego dnia, znowu przypadkiem, widzą się z pewnej odległości podczas lunchu. Ich spotkania stają się częstsze, gdyż on właśnie dostał pracę ledwie przecznicę dalej niż ona. Wieczorem często całkiem przypadkiem spotykają się w parku, gdyż oboje po pracy wyprowadzają swoje psy.

I już są zakochani. I po ślubie. Choć dopiero co byli sobie całkiem obojętni. Hollywoodzka fantazja? Przyjrzyjmy się realnemu światu.

Czy dwoje ludzi, którzy początkowo nie zwracają na siebie uwagi, może nagle zacząć bardzo się lubić jedynie dlatego, że parę razy widzieli się z daleka? Czy to wszystko tylko Hollywood?

Nie, efekt ten został udowodniony naukowo. Nazywamy go „efektem samej ekspozycji". Polega na tym, że tym bardziej lubimy ludzi (lub rzeczy), im częściej są oni (one) nam „pokazywane", czyli im częściej ich (je) spostrzegamy. Całkiem automatycznie! Im częściej – świadomie lub przypadkowo – widzimy danego człowieka, tym pewniej uznamy go za osobę sympatyczną i atrakcyjną. Jedyny warunek: pierwsze spotkanie nie było w naszym odbiorze negatywne, jeśli tak się bowiem stało, to z każdym kolejnym razem osoba ta będzie nam się wydawała coraz bardziej niesympatyczna. Ale jeżeli pierwsze spotkanie wypadło przynajmniej neutralnie, każde kolejne prowadzi do wzrostu atrakcyjności.

Można tego dowieść na przykład podczas eksperymentów prowadzonych na seminariach: na wykład przemyca się pomocników eksperymentatora, ludzi, którzy po prostu mieszają się z grupą słuchaczy. Z nikim nie rozmawiają, nie udzielają się w zajęciach, tylko po prostu siedzą, po czym wychodzą. Różne osoby w roli pomocników eksperymentatora uczestniczą w zajęciach z różną częstotliwością – między 0 a 15 razy. Potem „prawdziwym" studentom pokazuje się zdjęcia tych ludzi i zadaje pytanie, na ile każda z przedstawionych osób wydaje im się sympatyczna i atrakcyjna. Rezultat: im częściej pomocnik eksperymentatora był po prostu obecny, tym sympatyczniejszy i atrakcyjniejszy wydaje się innym. Choć nigdy z nikim nie zamienił nawet słowa!

Na „efekcie samej ekspozycji" opiera się także „efekt częstości kontaktu": ludzie, którzy są blisko nas, z dużym prawdopodobieństwem wejdą do kręgu naszych przyjaciół. I nie ma w tym nic nadzwyczajnego, że prędzej zaprzyjaźnię się z kimś z mojego miasta niż z kimś z innego kontynentu. Ale efekt częstości kontaktu działa nawet na poziomie twojego piętra czy klatki schodowej. Badania prowadzone w akademikach pokazują, że większość ich mieszkańców najbardziej przyjaźni się z bezpośrednimi sąsiadami. A z osobami mieszkającymi na końcu korytarza mają już – jeżeli w ogóle – dużo luźniejsze relacje – i to niezależnie od tego, że druga strona korytarza jest zaledwie kilka metrów dalej i tego, że tam także mieszkają ciekawi, sympatyczni ludzie i całkiem łatwo można pokonać tych parę metrów, by się zaprzyjaźnić. I jak banalny nie wydawałby się nam w pierwszej chwili efekt częstości kontaktu – *siła* jego działania jest wręcz zadziwiająca. Dlaczego działamy w taki sposób? Powody wyjaśniliśmy już w rozdziale „Jak do jęku dochodzi żądza – albo ból" (s. 25). W naszej głowie powstają schematy, które pomagają nam radzić sobie z powtarzającymi się sytuacjami. Im częściej dany schemat się uaktywnia, tym bardziej wzrasta „łatwość przetwarzania" w naszym mózgu. A im łatwiej jesteśmy w stanie przetworzyć dane zdarzenie, tym jest ono dla nas przyjemniejsze. Nasz mózg chętnie oszczędza sobie pracy.

„Efekt samej ekspozycji" działa nie tylko wtedy, kiedy spotykamy ludzi. Działa też w odniesieniu do rzeczy, sytuacji, słów. Na przykład jeżeli w radiu w ciągu kilku minut usłyszymy dwie krótkie reklamy tej samej marki, to znaczy, że strategia marketingowa wykorzystuje dokładnie ten efekt. Duży budżet marketingowy, który ma sprawić, że dana marka będzie nam „prezentowana" tak często, jak się da, ze wszystkich możliwych stron, rzeczywiście na nas wpływa – nawet jeżeli często świadomie tego nie zauważamy czy nie chcemy przyznać.

Częste powtarzanie może także sprawić, że prawda zaczyna być względna – rzeczywiście wypowiedzi, które słyszymy wielokrotnie, zaczynamy traktować jako bardziej prawdziwe. Ileż to razy słyszymy w różnych programach publicystycznych, jak goście do siebie nawzajem wygłaszają uszczypliwości w stylu „Pańskie twierdzenie, nawet, jeżeli będzie je pan bezustannie powtarzał, nie stanie się przez to prawdziwe!". Jednak naukowo udowodniono, że zdanie to jest fałszywe – w badaniach obrazowo wykazano istnienie tzw. złudzenia prawdy. Jegomoście, którzy ciągle, jak katarynka, powtarzają „tę samą śpiewkę", mogą nas wprawdzie denerwować, ale w pewnym momencie rzeczywiście uwierzymy w to, co mówią.

I co poczniemy z tymi wnioskami? Po pierwsze, nie nastawiaj się za bardzo na miłość od pierwszego wejrzenia! Wielu ludzi z tego powodu biega z randki na randkę, daremnie oczekując wielkiego wybuchu uczuć na pierwszym spotkaniu! Jeśli podczas pierwszego spotkania nie poczuliście do siebie skrajnej niechęci, możecie spokojnie zaryzykować kilka dalszych „wejrzeń" i zobaczyć, jak sprawy się rozwiną. Na pewno wraz z upływem czasu coraz bardziej polubisz tę osobę – czy skończy się to związkiem miłosnym, czy „tylko" przyjaźnią zależy od tego, czy druga strona pociąga cię fizycznie. Ponieważ wzajemne pociąganie się na poziomie fizycznym jest warunkiem wstępnym i koniecznym udanego związku i nie da się tego (niestety) zmodyfikować nawet dzięki „efektowi samej ekspozycji". Połącz wnioski z tego rozdziału z tym, czego dowiedziałeś się na temat sztucznego ograniczania dostępności (zob. rozdział poprzedni): *Pokazuj się* jak najczęściej, ale nie dawaj się łatwo *zdobyć*!

Po drugie, jeśli chcesz, by ktoś cię polubił, pokazuj mu się tak często, jak się da, będąc po prostu w jego pobliżu. Jeżeli twojemu szefowi będziesz się wydawał sympatyczny, może to bardzo pomóc ci w karierze. W jeszcze większym stopniu dotyczy to szefowej szefa – która być może do tej pory wcale nie zna cię osobiście – ponieważ ta na pewno będzie miała coś do powiedzenia w kwestii twojego awansu. Także u niej możesz już zacząć zbierać punkty, po prostu spotykając ją od czasu do czasu, na przykład rano na korytarzu albo regularnie w kolejce w kantynie. Kiedy nadejdzie chwila X, szefowa twojego szefa będzie już darzyła cię gorącym uczuciem – choć nigdy nie zostałeś jej osobiście przedstawiony.

Po trzecie: kiedy chcesz sprzedać swoją „prawdę", powtarzaj ją jak pacierz. „Kropla drąży skałę nie siłą, lecz częstym padaniem", jak głosi przysłowie ludowe, które oczywiście znowu ma niewiarygodną wręcz rację.

I po czwarte: uważaj, by inni nie manipulowali *tobą* za pomocą takich tanich trików.

28. CZY PRZECIWIEŃSTWA SIĘ PRZYCIĄGAJĄ?

Zasada podobieństwa daje ci dobre
prognozy na przyszłość.

Ty i twoja najlepsza przyjaciółka siedzicie przy wspólnym obiedzie we włoskiej restauracji. Ona właśnie zachwyca się swoją nową miłością: jest nieprzyzwoicie przystojny – nic dziwnego, w końcu jest Brazylijczykiem. Rytm i muzykę ma w genach, jako gitarzysta jeździ ze swoją kapelą po świecie. „Najrzadziej co dwa lata zmienia miejsce zamieszkania", ćwierka twoja przyjaciółka w radosnym uniesieniu między sałatką a makaronem. „Inaczej zaczyna się nudzić. Czyż to nie jest niesamowicie ekscytujące?"

Twoja najlepsza przyjaciółka dorastała w maleńkiej wiejskiej miejscowości, gdzie mieszka do dziś. Podróżuje jedynie dzień w dzień do dużego miasta do swojego biura w dziale personalnym jednego z banków. Punktualnie o 16.00 kończy pracę i cieszy się na powrót do domu, w którym będzie mogła uwalić się na kanapie razem ze swoimi dwoma kotami.

Co mówisz?

❏ „Szczęściara! Taki fascynujący mężczyzna! To dokładnie to, czego ci w życiu potrzeba. Z nim i za trzydzieści lat nie będziesz się nudzić. Zawsze powtarzam, że przeciwieństwa się przyciągają!"

❏ „Zapomnij. On do ciebie nie pasuje. W końcu nie na darmo mówi się, że ciągnie swój do swego."

❏ „Świetny towar na jednorazową przygodę!"

No to mamy niezły bigos. Przysłowia ludowe oferują nam dwie, na pierwszy rzut oka, wzajemnie się wykluczające mądrości. Chętnie wierzymy w historię z przeciwieństwami – w księcia z bajki, który całkowicie się od nas różni i nagle pojawi się w naszym życiu, zupełnie je odmieniając, wzbogacając, pokazując nowe drogi. Chętnie patrzymy na związek jak na symbiozę, w której dwoje ludzi wzajemnie się „uzupełnia". Rzadko kto otwarcie pragnie związku z kimś, kto jest niemal identyczny jak on sam. „Nuda", powie większość z nas, „przecież nie chcę spotykać się sam ze sobą".

Ale co naprawdę jest lepsze dla długotrwałego związku? Odpowiedź nauki jest jednoznaczna: im bardziej dwoje ludzi jest do siebie podobnych, tym większa szansa, że zostaną razem. Im więcej różnic, tym bardziej prawdopodobne rozstanie! A więc jednoznaczne 1 : 0 dla „swój do swego...".

Dotyczy to wszystkich możliwych właściwości: pochodzenia, wieku, wykształcenia, zawodu, hobby, poglądów politycznych, charakteru, stylu komunikowania się.

„Zasada podobieństwa" wypiera „zasadę komplementarności" na wszystkich możliwych frontach. Wszyscy mamy w sercu wielką tęsknotę za „podniecającą innością" – ale zastanów się – czy znasz jakąś parę, która rozstałaby się, uzasadniając ten krok słowami „jesteśmy do siebie zbyt podobni?". A widzisz! „Po prostu za bardzo się różnimy", słyszymy dużo częściej.

Także „niezakręcona pasta do zębów", która, jak głosi legenda, zrujnowała niejeden związek, nigdy sama w sobie nie jest problemem. Problemem staje się wtedy, kiedy partnerzy mają różne wyobrażenia na temat porządku. Jednemu ona przeszkadza, drugiemu nie. Natomiast jeśli oboje mają podobne zapatrywania na (nie)porządek, nigdy nie pokłócą się o pastę do zębów – nieważne, czy jest ona otwarta, czy zaplombowana przez CIA.

Jednoznaczny wniosek płynący z niezliczonych badań brzmi: dwoje partnerów nigdy nie może być do siebie wystarczająco podobnych!

Najlepiej rokowałby związek z naszym własnym klonem. Nie wierzysz? Badania pokazują, że nawet na poziomie fizyczności bardziej podobają nam się ludzie, którzy są do nas podobni pod względem wyglądu: charakterystyki twarzy (proporcje, kształt i położenie kości policzkowych, brody itd.) można bowiem „przeliczyć" na przeciwną płeć. I jeśli pokażemy osobom badanym zdjęcia i poprosimy, by wybrali spośród nich to, które przedstawia najatrakcyjniejszą osobę, ze zdecydowaniem sięgną (nie wiedząc o tym) po tę twarz, która powstała na podstawie ich własnej fizjonomii! Określa się to mianem społecznej homofilii. Pojęcie nie ma nic wspólnego z homoseksualizmem, ale ogólnie opisuje fakt, że ciągnie nas do ludzi do nas podobnych. Dlatego częsta obserwacja, że partnerzy są do siebie podobni, daje się także potwierdzić naukowo.

Prawo podobieństwa nie dotyczy oczywiście wyłącznie związków miłosnych. Także w relacjach z przyjaciółmi, współpracownikami, sąsiadami i wszystkimi innymi ludźmi radzimy sobie tym lepiej, im bardziej jesteśmy podobni. Tacy ludzie po prostu wydają nam się sympatyczniejsi.

Jedno możliwe wyjaśnienie już poznaliśmy (zob. poprzedni rozdział): to „efekt samej ekspozycji". Sprawia on, że sympatyczniejsze wydaje nam się coś, co często spostrzegamy. A z kim dzień w dzień konfrontujemy się najczęściej? Kogo codziennie widzimy w lustrze? Dokładnie tak. Nas samych. Dlatego wszystko, co jest do nas podobne, jesteśmy w stanie łatwiej przetworzyć w naszym umyśle. A ponieważ nasz mózg bardzo chętnie oszczędza sobie pracy, kocha wszystko, co już zna. Związek z kimś, kogo już „znamy", jest mniej męczący niż relacja z „obcym". Poza tym widzimy, że podobni do nas ludzie nas lubią i doceniają – a to zaspokaja naszą niezaspokajalną potrzebę miłości i uznania.

Ale czy powiedzenie, że „przeciwieństwa się przyciągają" jest zupełną bzdurą? Nie w sytuacji, w której szukasz jedynie romansu. To jedyny naukowo potwierdzony wyjątek. Jeżeli szukamy krótkiej przygody, faktycznie wybieramy partnerów, którzy całkowicie się od nas różnią – i doświadczamy z nimi największego zaspokojenia.

W podanym na początku przykładzie możesz więc teraz udzielić jedynej trafnej odpowiedzi. A jeżeli i w tobie jest niepewność, czy twoja aktualna relacja jest tylko przygodą, czy może związkiem na całe życie, to szczerze porównaj, na ile jesteście do siebie podobni.

Jednak – jak już mówiliśmy – zasada podobieństwa pomaga nie tylko w miłości. Jeżeli starasz się o pracę albo chcesz wynająć mieszkanie, twoje szanse wzrosną, jeżeli przypadniesz do gustu twojemu rozmówcy. Czyli wtedy, gdy będziecie mieć wiele wspólnego! Dlatego postaraj się iść na rozmowę do kogoś, do kogo jesteś podobny: pod względem wieku, pochodzenia, wykształcenia, sytuacji rodzinnej, hobby. Poznaj wcześniej tyle właściwości twojego rozmówcy, ile tylko będziesz w stanie – i pokaż mu się podczas rozmowy jako ktoś do niego samego podobny: „Ach, obaj graliśmy w piłkę nożną, jeśli dobrze się orientuję. I podobnie jak pan, jestem wielkim fanem Afryki Południowej...". To działa lepiej niż każde świadectwo – uwierz nauce.

29. DLACZEGO UROCZYSTOŚCI RODZINNE Z GRUNTU *MUSZĄ* BYĆ STRESUJĄCE

Teoria równowagi postaw i przekonań z badań społecznych pokaże ci sztuczkę, jak wprowadzić więcej spokoju do życia rodzinnego.

Organizujesz imprezę dla przyjaciół i rodziny – powiedzmy średniej wielkości wesele. Cieszysz się. Wspaniała okazja, piękne święto. Cudownie zobaczyć ich wszystkich razem. Cudownie?

Stop. Czy nie jest tak, że twoja siostra nie może się dogadać z waszą wspólną szwagierką? A twój szkolny kolega Piotr też się z nią nieźle pokłócił... Co będzie, jak się teraz spotkają? I kto będzie siedział obok kogo? Właściwie lubisz ich oboje. No, może Piotr wtedy przesadził? I kiedy tak sobie o tym myślisz, szwagierka nie jest całkiem bez winy. Właściwie to niezła z niej sucz i intrygantka!

Jakże łatwo nasi bliscy mogą popaść w niełaskę.

Jak to wyjaśnić?

Nieco światła może rzucić tzw. teoria równowagi postaw i przekonań z psychologii społecznej. Jako teoria postaw wyjaśnia, dlaczego i w jaki sposób opinie i postawy się kształtują, dopasowują i zmieniają.

W prostym przykładzie wychodzimy od trzech osób: tworzą one trójkąt relacyjny – jak ty, twoja siostra i wasza szwagierka z powyższego przykładu. Wszystkie trzy osoby mają w swoich umysłach określone postawy – a postawy mają skłonność do pozostawania w równowadze. Co się stanie, jeżeli równowaga zostanie zaburzona (ponoć czasami między ludźmi coś takiego może się zdarzyć)? Czujemy się nieswojo i szukamy możliwości przywrócenia harmonii. A że jest niemal niemożliwe, by zmienić otaczających nas ludzi i ich postawy, wybieramy drogę najmniejszego oporu i zmieniamy się sami! Majstrujemy sobie naszą własną wewnętrzną równowagę – a że ogólnie mamy w sobie takie tendencje, pisaliśmy już w rozdziale o dysonansie poznawczym (s. 52).

Jak to teraz dokładnie działa, wyjaśnia nam znany psycholog Fritz Heider, który opracował stosowny model już w roku 1946: „P" w modelu oznacza nas samych (*person*), „O" inną osobę (*other*), a „X" symbolizuje dowolny obiekt, wobec którego mamy jakąś postawę, na przykład serial telewizyjny, mebel albo jakąś trzecią osobę. Postawy w takim trójkącie mogą być zarówno pozytywne, jak i negatywne.

Niestety (a czasami na szczęście), procesy psychiczne nie poddają się bezpośredniej obserwacji – nie jesteśmy w stanie po prostu zajrzeć do głów. Dlatego psychologia sięga po porównania modelujące niewidoczne procesy myślowe i uczucia. I tak oto mózg często jest porównywany do komputera i procesów obliczeniowych. Heider w swoim modelu przenosi pewną zasadę z matematyki na stosunki międzyludzkie: minus i minus daje plus. Twierdzi, że trójkąt jest zrównoważony, kiedy produkt zawartych w nim postaw jest dodatni. A konkretnie:

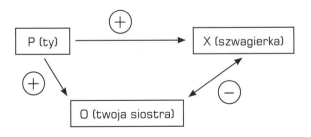

Plus i **plus** i **minus** daje **minus** – trójkąt jest niezrównoważony.

I bigos gotowy. Żeby dla „P", czyli ciebie, znów pojawiła się harmonia, równowaga, masz dwie możliwości:

Wariant 1

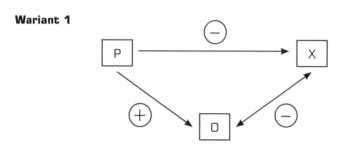

Plus i **minus** i **minus** daje **plus** – trójkąt jest zrównoważony.

Wariant 2

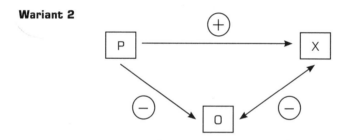

Minus i **plus** i **minus** daje **plus** – trójkąt jest zrównoważony.

Wariant pierwszy – dajesz się przekonać własnej siostrze i też uznajesz, że szwagierka jest głupia.

Wariant drugi – dostrzegasz, że tak naprawdę to twoja siostra jest podłą żmiją i próbuje coś ugrać, i utrzymujesz pozytywne nastawienie wobec szwagierki.

Wcale nie tak łatwo przywrócić porządek do swojego świata. A to był tylko prosty przykład wesołego trójkąta. Życzymy przyjemności w przekładaniu go na krewnych, plotki i intrygi podczas formowania koalicji... W takiej chwili pozostaje już chyba tylko wsadzić głowę w tort weselny.

30. OKO ZA OKO, BUZIAK ZA BUZIAKA

Dzięki wzajemnej sympatii możesz
znaleźć nowych przyjaciół.

W twojej firmie pojawił się nowy współpracownik. Trudno sobie wyobrazić, byście mogli bardziej się różnić. *On* w piątkowy wieczór idzie na koncert muzyki klasycznej, *ty* grasz z kumplami w piłkę nożną. *On* aktywnie angażuje się w działania na rzecz ochrony środowiska, *ty* celowo wrzucasz butelki i makulaturę do zwykłego kosza, żeby „zrobić na złość tym zielonym oszołomom". *On* jest ojcem rodziny, który zastawił pół swojego biurka zdjęciami swoich bliskich, *ty* cieszysz się wolnością stanu kawalerskiego. *On* jest zadeklarowanym przeciwnikiem alkoholu, ty wychodzisz z założenia, że piwko po pracy jest niezbędne, by spłukać trudy minionego dnia.

Lubisz nowego kolegę? Chyba raczej nie stanie się on członkiem najbliższego kręgu twoich przyjaciół...

I nagle przypadkiem dowiadujesz się, że niedawno w kantynie bardzo pozytywnie się o tobie wyrażał: podziwia twój luźny sposób bycia, doskonałą organizację pracy – ogólnie zwierzył się waszej wspólnej znajomej, że bardzo cię lubi.

Co teraz o nim myślisz?

❏ Hm... Właściwie nie jest taki zły. Może powinniśmy się kiedyś razem wybrać na herbatę jaśminową.

W rozdziale „Czy przeciwieństwa się przyciągają?" (s. 118) już to stwierdziliśmy: lubimy ludzi tym bardziej, im bardziej są oni do nas podobni. Im więcej nas różni, tym większą czujemy antypatię. Tak działa zasada podobieństwa – i zgodnie z nią powinniśmy nowego kolegę, który różni się od nas pod niemal każdym względem, zdecydowanie i gruntownie znielubić.

Niemniej istnieje jeszcze jedna zasada, działająca silniej niż zasada podobieństwa: „odwzajemnianie sympatii". Zgodnie z teorią odwzajemniania sympatii dana osoba jawi nam się tym sympatyczniej, im bardziej jesteśmy przekonani o tym, że nas lubi. Zasada ta działa także wtedy, kiedy ów człowiek nie jest w najmniejszym nawet stopniu do nas podobny i w innym wypadku byśmy go całkowicie odrzucili. Zasada wzajemnej sympatii wypiera zasadę podobieństwa. Nasza potrzeba bycia lubianym i kochanym jest tak potężna, że wszystkie inne zasady wyrzucamy na śmietnik, kiedy tylko się dowiemy, że ktoś nas lubi – i natychmiast nagradzamy go wzajemnym uczuciem!

Wzajemna sympatia daje się unaocznić w następujący sposób: Uczestnicy badania wypełniają test osobowości, po czym tłumaczy się im, że ich wyniki znacząco różnią się od wyników określonej innej osoby. Osobiste nastawienia są bardzo różne. Ta „inna osoba" jest oczywiście pomocnikiem eksperymentatora. Podczas zainscenizowanej przerwy siedzi z wybranymi uczestnikami badania w pomieszczeniu i z nimi rozmawia. Przy tym patrzy im w oczy, pochyla się do nich, okazuje swoim rozmówcom zainteresowanie – i sygnalizuje w ten sposób, że lubi swojego interlokutora. Osoby badane z grupy kontrolnej widzą pomocnika eksperymentatora tylko przez chwilę podczas przechodzenia z miejsca na miejsce.

Potem wszystkie osoby badane mają podać, jak sympatyczny wydał im się ten człowiek (czyli pomocnik eksperymentatora, czego jednak nie wiedzą). I rzeczywiście oceny sympatii wobec pomocnika eksperymentatora są wyższe wtedy, kiedy on sam okazał im sympatię, choć zarówno uczestnicy z grupy eksperymentalnej, jak i kontrolnej wiedzą, że człowiek ów osiągnął zupełnie inne wyniki w teście osobowości niż oni sami, czyli nie jest do nich w żaden sposób podobny.

W innym eksperymencie doprowadza się do spotkania dwóch uczestników. Jednemu z nich mówi się albo: „Osoba, którą zaraz spotkasz, lubi cię", albo: „Osoba, którą zaraz spotkasz, nie lubi cię". Uczestnicy przekonani, że naprzeciwko nich siedzi ktoś, kto ich lubi, zachowują się później przyjaźniej i bardziej otwarcie. Natomiast osoby wychodzące z założenia, że interlokutor nie jest wobec nich życzliwie nastawiony, zachowują się chłodno i nieprzychylnie. A na podstawie tych zachowań ich rozmówca z kolei – któremu wcześniej nic nie powiedziano – wnioskuje, na ile on sam jest lubiany – i albo odwzajemnia sympatię, albo nie. Rezultatem są rozmowy przebiegające w zupełnie różnej atmosferze...

W życiu codziennym może to mieć tragiczne skutki. Często bowiem jedynie sami sobie wymyślamy, że ktoś nas nie lubi – bo usłyszeliśmy jakąś plotkę lub błędnie zinterpretowaliśmy jakąś sytuację. Klasykiem jest już zapomniane powitanie: spotykamy znajomego w sklepie, a on nie wita się z nami natychmiast. „Aha", myślimy, „nie lubi mnie. To ja go już też nie lubię". I nie tylko sami się z nim nie witamy, ale ze skutkiem natychmiastowym przestajemy utrzymywać kontakt wzrokowy. A przecież znajomy mógł po prostu „nie zaskoczyć" wystarczająco szybko. Może był akurat zamyślony, może jest krótkowidzem i rozpoznał nas te pół sekundy za późno. I teraz chce nadrobić spóźnione powitanie, ale nie ma ku temu okazji, gdyż my nie dopuszczamy już do kontaktu wzrokowego. „Aha", myśli teraz on, „nie lubi mnie. To ja go już też nie lubię". I tak właśnie wygląda początek tragicznej w skutkach spirali wzajemnej niechęci – bardzo obrazowy przykład samospełniającej się przepowiedni, o której pisaliśmy w rozdziale „Możesz kierować światem za pomocą własnych myśli" (s. 41).

Ponieważ informacja o tym, czy druga strona nas lubi, jest dla nas taka ważna, nie powinniśmy traktować jej lekkomyślnie i nie wyciągać wniosków na podstawie plotek i wieloznacznych zdarzeń. Daj drugiemu człowiekowi jeszcze jedną szansę, by mógł ci okazać swoją sympatię. Jeśli sam chcesz stworzyć dobrą atmosferę, wystarczy, że ty okażesz drugiej stronie przychylność. Najskuteczniejszą metodą jest wykorzystanie „wieści gminnej": po prostu wspomnij wspólnemu znajomemu „naprawdę lubię Pipsztyckiego".

Dzięki temu zjawisku jesteś w stanie szerzyć pokój i budować dobrą atmosferę również między innymi ludźmi. Jeśli na przykład w twoim biurze dwie osoby permanentnie się ze sobą kłócą, po prostu powiedz jednej i drugiej, niezależnie od siebie, że „Przecinkowski powiedział mi kiedyś w zaufaniu, że właściwie nawet *cię* lubi...". Ta mała sztuczka potrafi zdziałać cuda – i kłamstwo w tym przypadku jest dozwolone, bo czyni dobro.

A, i jeszcze jedno: jeżeli na początku rozdziału wybrałeś drugą odpowiedź, to powiemy ci coś jeszcze. Możliwe, że powinieneś trochę popracować nad poczuciem własnej wartości. Odwzajemniana sympatia nie działa bowiem u osób z niskim poczuciem własnej wartości. Oni rzeczywiście w eksperymentach preferują ludzi, którzy ich wcześniej krytykowali zamiast chwalić. Dzieje się tak, gdyż w słowach krytyki potwierdzają swój własny – niekorzystny – obraz siebie. I dlatego lubią swoich krytyków.

31. TERAZ ZROBISZ WIELKIE OCZY...

Badania atrakcyjności udzielają
porad na temat urody.

Wybierzmy się w naszej wyobraźni na krótką wycieczkę do zoo. Które zwierzęta ci się podobają, które są „słodkie", które miałabyś nawet ochotę zabrać do domu?

☐ małego misia polarnego
☐ flaminga
☐ węgorza elektrycznego
☐ susła
☐ fokę
☐ pająka ptasznika
☐ bobra

Biedny węgorz elektryczny. Założymy się, że nikt z was nie ma ochoty zabrać go ze sobą do domu? Ale o małego misia polarnego będą kłótnie? W wielu ogrodach zoologicznych można sponsorować zwierzęta; płaci się za utrzymanie zwierzaka, w zamian na wybiegu umieszczana jest tabliczka z naszym nazwiskiem. Gdy wybierzesz się kiedyś do zoo, zwróć uwagę na te tabliczki: do niektórych zwierzaków walą tłumy, inne zaś na próżno czekają na sponsora. Węgorz elektryczny ma choć tę zaletę, że jest w stanie wytworzyć prąd – dlatego może skorzystać na zasadzie podobieństwa (zob. s. 118): firmy zajmujące się dostawą energii elektrycznej go lubią i czasem łożą na jego utrzymanie. Inne zwierzęta mają dużo gorzej... Dlaczego małego misia polarnego lubimy bardziej niż małego pajączka? Jedno i drugie to stworzenie boże, w równym stopniu zasługujące na nasz szacunek i sympatię. Nie może to wszak zależeć od osobistego charakteru czy tak okrzyczanych „wartości duchowych", gdyż z żadnym z tych zwierząt nie nawiązaliśmy bliższej znajomości... Pozostaje jedno – wygląd zewnętrzny! To, czy lubimy inne stworzenie, zależy w bardzo dużym stopniu od tego, czy w naszej ocenie jest dla nas wizualnie atrakcyjne. Piękno jest wyznacznikiem naszego życia! Często nie chcemy tego przyznać tak otwarcie, jak zrobił to Oscar Wilde, w powieści *Portret Doriana Graya*, gdzie bez owijania w bawełnę mówi: „Tylko ludzie powierzchowni *nie* oceniają po wyglądzie"* [wyróżnienie autorów, przyp. tłum.].

I oczywiście nie dotyczy to wyłącznie zwierząt, ale działa tak samo w wypadku ludzi. Efekt halo (zob. rozdział „Halo, halo! Dzięki efektowi halo możesz zapunktować (i zostać wypunktowanym)", s. 85) już nam pokazał, że ludzie ładni mają z założenia w życiu łatwiej, i to już od chwili narodzin. Przypisuje im się dodatkowo wszelkie możliwe pożądane cechy, nawet jeżeli w rzeczywistości wcale nie mogą się nimi pochwalić. I czy pierwsza randka przerodzi się w gorącą noc lub wręcz w związek miłosny, zależy zdecydowanie od tego, czy na poziomie fizycznym jesteśmy dla siebie atrakcyjni. Jeżeli ten warunek konieczny nie jest spełniony, nie pomoże niestety także „efekt samej ekspozycji" (zob. „Miłość od 1000 spojrzenia: lekcja życia z Hollywood", s. 114).

---

* Ang. *It is only shallow people who do not judge by appearances*; w polskim wydaniu zdanie to przetłumaczono jako: Tylko płytcy ludzie nie sądzą według pozorów (O. Wilde, *Portret Doriana Graya*, tłum. Maria Feldmanowa, Wydawnictwo Literackie, Kraków 1995, rozdział 2) (przyp. tłum.).

Ponieważ piękno jest tak decydujące, żniwa zbierają koenzym Q10, kwas hialuronowy, botoks – albo wręcz skalpel. Od stworzenia świata ludzie wydają dużo pieniędzy, by być „piękni". Niewielu rzeczy boimy się chyba bardziej niż bycia szpetnym.

Na całe szczęście piękno jest subiektywne, czyż nie? „Piękno znajduje się w oku obserwatora" głosi mądrość ludowa, no i „o gustach się nie dyskutuje".

Wszystko jest więc tylko kwestią zapatrywania? Co za bzdura! Na przykładzie zwierząt zobaczyliśmy już, że tłum posiada jednak dość jednolity ideał piękna. Nie inaczej w ocenie ludzi. Od lat także psychologowie zajmujący się badaniem atrakcyjności próbują odpowiedzieć na pytanie: kiedy uznajemy kogoś za pięknego i dlaczego? Najpóźniej od lat osiemdziesiątych wiemy to już z badań: Istnieje dość powszechna „zgodność ocen". Znaczy to, że ludzie w dużym stopniu podobnie definiują piękno, a więc nie robią tego, opierając się na osobistym guście!

W podstawowym eksperymencie dotyczącym omawianej kwestii kobietom i mężczyznom pokazuje się po 50 zdjęć różnych ludzi i prosi się ich o przydzielanie punktów za urodę. Następnie analizuje się twarze pod względem ich kształtu, proporcji i znaków szczególnych. Wyniki są jednoznaczne. W twarzach kobiecych dla mężczyzn atrakcyjna jest mieszanka cech dziecięcych z „oznakami dojrzałości". Cechy dziecięce to duże oczy, mały nos i mała broda. Oznaki dojrzałości to wysokie kości policzkowe i zapadnięte policzki.

Kobietom u mężczyzn także podoba się mieszanka charakterystyk dziecięcych i dojrzałych: duże oczy i wysokie kości policzkowe! Dodatkowe punkty daje duża, mocna szczęka.

Spójrz teraz na te charakterystyki u zwierząt, które wydały ci się atrakcyjne. Sprawdza się? Kryteria mają zastosowanie zarówno wobec ludzi, jak i zwierząt.

Odkrycie ma charakter międzykulturowy – zdjęcia wykorzystywane w eksperymencie przedstawiają ludzi z różnych krajów. Także z badań prowadzonych w innych częściach świata napływają identyczne wyniki. Inaczej więc niż początkowo zakładano, gust Europejczyków nie odbiega od ideału piękna Azjatów.

Istnieją więc dwa opatentowane, kulturowo uniwersalne przepisy na atrakcyjność w oczach płci przeciwnej: przede wszystkim wysokie kości policzkowe. Jeśli nie obdarowała cię nimi matka natura, możesz je pozyskać jedynie dzięki chirurgii plastycznej, podobnie jak inne charakterystyki typu mały nos czy drobna broda u kobiet czy też wyrazisty podbródek u mężczyzn.

Jednak niesamowitym i niezwykłym orężem, skutecznym zawsze i wszędzie, są duże oczy! Każdy może w mgnieniu oka stać się atrakcyjny, jeśli zrobi „wielkie oczy". I można to osiągnąć bez pomocy skalpela. Po pierwsze, jeżeli pozwolisz sobie na więcej snu. Ktoś, kto pełźnie przez życie z zaspanymi oczami, wygląda mniej atrakcyjnie. Znaczenie „snu dla urody" zostało niedawno potwierdzone eksperymentalnie. Poza tym każdy z nas może świadomie szeroko otwierać oczy. A to jest kwestia treningu i przyzwyczajenia (a jak szybko jesteśmy w stanie się do czegoś przyzwyczaić już widzieliśmy, zob. s. 18). Kiedy więc chcesz wyglądać szczególnie atrakcyjnie, otwieraj oczy jak najszerzej! Wypróbuj to na zdjęciach. Gdy na kolejnej imprezie ktoś będzie robił fotki, wytrzeszcz oczy tak, jakby jutra miało nie być. Poczujesz się przy tym nieco głupio, ale zobacz rezultat. Będziesz zadowolony. I zaczniesz dużo szerzej otwierać oczy...

32. DLACZEGO KONFLIKTY SĄ NAM POTRZEBNE JAK POWIETRZE

Dzięki mediacjom z psychologii stosowanej
uda ci się znaleźć rozwiązania korzystne
dla wszystkich zaangażowanych stron.

> Dwie siostry kłócą się o pomarańczę. Przypada ci rola rozjemcy.
> Jakie rozwiązanie proponujesz?

Można wyobrazić sobie różne rozwiązania – tym razem jedna siostra dostanie pomarańczę, a następnym razem druga. Albo odwrotnie. Albo dzielimy pomarańczę i każda dostaje połówkę. Wszystkie trzy rozwiązania są sprawiedliwe. Wszystkie trzy rozwiązania są prawie optymalne. Zdradzimy ci sposób, dzięki któremu możesz z konfliktów wyciągnąć jak najwięcej pozytywów. I druga strona konfliktu także. Udowodnimy ci, dlaczego konflikty są najlepszą rzeczą, jaka może nam się przytrafić! Czym właściwie jest konflikt?

Mówiąc bardzo ogólnie, konflikt jest takim stanem systemu, w którym mamy do czynienia z różnymi wyobrażeniami celów i w którym osiągnięcie jednego celu wyklucza osiągnięcie celu drugiego. A konkretnie: rodzice chcą iść w niedzielę na spacer; ukochane dzieciątka wolą oglądać telewizję. Systemem jest rodzina, odmiennymi celami, których nie da się osiągnąć jednocześnie, są „spacer" versus „telewizja".

Albo: twój wewnętrzny „Minister od Zabawy" chce mieć cztery dni w tygodniu wolne; twój osobisty „Minister Finansów" chce natomiast pracować 60 godzin tygodniowo. Systemem jesteś ty i targające tobą różne motywy; cele to „cztery wolne dni w tygodniu" i „60-godzinny tydzień pracy", czego nie da się połączyć.

W tym miejscu uświadamiamy sobie, że niezależnie od tego, czy konflikt jest zewnętrzny, czy wewnętrzny – na początku jest całkowicie neutralny i nieszkodliwy. Jest po prostu dynamicznym stanem napięcia. Niczym więcej i niczym mniej. Nasz strach przed konfliktami wynika z tego, że nasze codzienne rozumienie utożsamia „konflikt" z „kłótnią". Ale kłótnia jest dopiero eskalacją konfliktu, tym samym na poziomie języka jest mocno pejoratywnie zabarwiona. Sławny badacz konfliktów Friedrich Glasl wyróżnia dziewięć poziomów eskalacji konfliktu; od „usztywnienia argumentacji" po „totalne zniszczenie (razem w przepaść)". Jak daleko zajdzie eskalacja, zależy jednak wyłącznie od tego, jak sobie z konfliktami radzimy.

Po tym wprowadzeniu posuniemy się do stwierdzenia, że konflikt może być doświadczeniem nad wyraz pozytywnym. Cóż bowiem wywołują napięcie i dynamika? Ruch, zmianę i rozwój; są motorem ewolucji i rewolucji.

Pozwól, że w celu zobrazowania tego twierdzenia rozwikłamy przytoczoną wcześniej rodzinną waśń. Zazwyczaj w takich sytuacjach zbieramy argumenty przemawiające za naszym stanowiskiem, naszym celem: „Jak nie będziecie się ruszać na świeżym powietrzu, to będziecie chorować", „Zawsze musimy robić to, na co wy macie ochotę" albo „Ale przecież trzy lata temu obiecaliście, że dzisiaj będziemy mogli obejrzeć *Ulicę Sezamkową*". Tym samym doprowadzamy do gwałtownej wymiany ciosów i na końcu jedna strona wygrywa, druga przegrywa. Niedzielę szlag trafia i obie strony po-

zostają z uczuciem pustki. Tak wygląda zazwyczaj „normalne" rozwiązanie konfliktu, do jakiego przywykliśmy. A w jaki sposób konflikt może stać się motorem rozwoju?

Rozwiązanie polega na tym, by oderwać się od konkretnego stanowiska, życzenia i poszukać potrzeby, która leży u podstaw tego życzenia. Przeważnie takie potrzeby dają się zaspokoić także w inny sposób, który nie wywołuje konfliktu. Wróćmy więc do przykładu, przyjrzyjmy się drugiemu planowi i zbadajmy leżące u podstaw interesy i potrzeby. Może rodzice mieli w pracy ciężki tydzień i liczą na odprężenie podczas niedzielnego spaceru. Być może dzieci zaś miały ciężki tydzień w szkole i przy oglądaniu telewizji szukają odprężenia. Czy to możliwe? Choć wyobrażenia celu są na pierwszy rzut oka nie do pogodzenia, staje się jasne, że kiedy tylko uwzględnimy głębiej leżące uwarunkowania, zobaczymy podobieństwa – i prostą drogę do porozumienia.

Zasada ta jest wykorzystywana w mediacjach – pośredniczeniu w konfliktach. Rozpoznanie punktów wspólnych motywuje do znalezienia możliwego i wspólnego rozwiązania: w południe wszyscy na spacer, a później całą bandą *do* kina. Albo, jeszcze lepiej – spacer do kina. Takie rozwiązanie zadowoli wszystkich! Konflikt, który początkowo był nieprzyjemny, może zostać rozwiązany za pomocą działań nastawionych na interesy i potrzeby. Dynamiczny stan napięcia sprawił, że – w sensie ruchu, zmiany i rozwoju – zainteresowani posunęli się naprzód.

Dlatego takie sytuacje nazywa się *win-win* (ang. *to win* – wygrywać), gdyż na końcu mamy tylko zwycięzców.

Wróćmy do kłótni o pomarańczę z przykładu na wstępie. Gdybyś zaczął rozmowę z siostrami i odkrył ich potrzeby, okazałoby się, że jedna chce piec ciasto i potrzebuje skórki, a druga chce wycisnąć sok i potrzebuje miąższu. I mamy *win-win*. Obie dostaną 100 procent! W większości przypadków udaje się to tak załatwić, i także tutaj działamy zgodnie z tą zasadą.

Podobnie wygląda wewnętrzny konflikt między Ministrami Zabawy i Finansów. Jeden chce wolności, drugi bezpieczeństwa. Kiedy uwzględnimy te potrzeby, wiele rozwiązań wchodzi w grę: jakiś czas solidnie przysiąść fałdów, by potem udać się na zasłużony urlop; wyjątkowo starać się w pracy, by dostać awans i tym samym zwiększyć swoją wolność; zrobić sobie wolne i świadomie się odprężyć, zapewniając sobie zdrowie, co także daje poczucie bezpieczeństwa; albo, albo, albo…

Wypróbuj następującą rzecz. Zanim następnym razem potępisz i oczernisz konflikt, zatrzymaj się na chwilę i zlicz w duchu te konflikty z twojej przeszłości, które, patrząc wstecz, przyniosły ci korzyści. Zidentyfikujesz przynajmniej jeden taki konflikt rocznie. A to cię zmotywuje, by także w bieżącym konflikcie poszukać drugiego dna i – wspólnie z drugą stroną konfliktu, czy to osobą, czy twoimi wewnętrznymi motywami – poszukać rozwiązania *win-win*.

Powinieneś przy tym zapomnieć o swoich życzeniach, zwłaszcza o tych niespełnionych. *Życzenia są nieważne!* Ludzie często fiksują się na konkretnych życzeniach i pozostają nieszczęśliwi, kiedy te się nie spełnią. A przecież to nie życzenia są ważne, tylko leżące u ich podstaw potrzeby! Jedno i to samo życzenie może wynikać z różnych potrzeb – a każda potrzeba może zostać zaspokojona na wiele możliwych sposobów.

Przykład: miliony ludzi marzą o tym, by wygrać w jakimś programie szukającym talentów i zostać gwiazdą estrady – i są smutni, kiedy to marzenie się nie spełnia. Ale za tym jednym pragnieniem może tkwić mnóstwo bardzo różnych potrzeb. Może po prostu kocham muzykę. Taką potrzebę mogę zaspokoić też inaczej: mogę się nauczyć grać na instrumencie i grać w zespole, znaleźć pracę związaną z muzyką... Albo ważny jest dla mnie poklask, uznanie. Także to życzenie można spełnić na wiele innych sposobów, przez osiągnięcia sportowe, wolontariat, sukcesy zawodowe, troszcząc się o rodzinę... Albo chodzi mi o kasę. Wtedy także istnieją (często bardziej realistyczne) alternatywne możliwości zaspokojenia potrzeby: zamiast próbować sił w „Mam talent" czy „Milionerach", szukam dobrze płatnej pracy, gram w lotto albo rozglądam się za bogatą żoną...

I tak oto, na koniec dnia, „życzenia" jednak się spełniają.

33. W CHWILACH RADOŚCI CZY ZWĄTPIENIA? JAK NAJŁATWIEJ UZYSKAĆ PRZYSŁUGĘ

Hipoteza „empatii–altruizmu" i hipoteza „redukcji negatywnego stanu emocjonalnego" – psychologia emocji zdradza, jak pomagają otaczający cię ludzie.

Załóżmy, że właśnie kupiłaś nowy samochód i trochę przeliczyłaś się z wydatkami. Chcesz teraz poprosić sąsiada, z którym zdarza ci się czasem chodzić na wódkę, żeby pożyczył ci trochę pieniędzy. W której z trzech opisanych sytuacji najchętniej poprosiłabyś go o tę przysługę?

❏ Kiedy właśnie został ojcem.

❏ Kiedy właśnie zostawiła go żona.

❏ Zupełnie zwyczajnego dnia, kiedy jest w całkiem normalnym nastroju.

Wielu ludzi spontanicznie wybiera sytuację trzecią. Sąsiad wydaje się wtedy najspokojniejszy i nierozpraszany zdarzeniami z własnego życia. A jednak właśnie takiego normalnego dnia nasze szanse na pomoc są najmniejsze!

Badania wskazują, że ludzie chętnie pomagają, kiedy sami są akurat w dobrym humorze. To nie dziwi; każdy doświadczył chyba na własnej skórze, że dobry humor czyni nas bardziej życzliwymi i otwartymi wobec innych – a także bardziej hojnymi i skłonnymi do pomocy. Jeżeli rano przyjdę do pracy wyjątkowo wyspany i w dobrym nastroju, ze skoczną piosenką na ustach, z większym prawdopodobieństwem, wciąż nucąc, przytrzymam drzwi koleżance niż kiedy indziej.

Niezwykłe przy tym jest, jak silnie działają tu nawet maleńkie wpływy. W jednym z eksperymentów w ogólnodostępnej budce telefonicznej ukryto 10 centów, po czym czekano, aż ktoś je znajdzie. Kiedy to się stanie, do akcji wkracza pomocnik eksperymentatora i upuszcza przed znalazcą torbę, z której na ziemię rozsypuje się mnóstwo dokumentów. Spośród tych, którzy znaleźli monetę, zebrać dokumenty pomaga 14 na 16 osób. To niecałe 88 procent. Dla porównania sprawdza się, jak skłonni do pomocy są ludzie, którzy nie znaleźli dziesięciocentówki. Tu pomaga zaledwie jedna osoba na 25 – a to odpowiada 4 procentom! Ludzka gotowość do pomocy rośnie ponad dwudziestokrotnie tylko z powodu znalezienia dziesięciocentówki! Inne drobiazgi wywierają podobny wpływ. Na przykład miłe zapachy czy piękna muzyka wzmacniają naszą gotowość do pomagania innym.

Dlatego nawet w sytuacji, w której twój sąsiad raczej w najbliższej przyszłości nie zostanie ojcem, są pewne szanse na to, że złapiesz go w nastroju, który będzie wystarczająco ponadprzeciętny, by uczynić go bardziej skorym do pomocy. Teraz, kiedy już wiesz, jakie drobiazgi wystarczą, by wywołać dobry humor, możesz trochę dopomóc...

A teraz niespodzianka: ludzie szczególnie chętnie pomagają, kiedy im samym wiedzie się zdecydowanie źle! Przy tym w różnych sytuacjach zdają się działać inne mechanizmy. Jeśli czujemy się podle, bo mamy poczucie winy, mamy skłonność do podejmowania prób kompensowania własnych przewinień dobrymi uczynkami gdzie indziej. Dobry uczynek neutralizuje w naszej głowie czyn zły i tym samym nasze wyrzuty sumienia. I tak oto ludzie przed przystąpieniem do spowiedzi dają na tacę więcej niż po spowiedzi, bo na spowiedzi już nałożono na nich pokutę.

W innych przypadkach sami cierpimy, widząc cierpienie innych. Jeżeli na naszych oczach ktoś zostanie pobity, to jest to także dla nas sytuacja przykra. Wiąże się to z empatią (o której już pisaliśmy, zob. s. 69) – wczuwamy się w osobę poszkodowaną i czujemy jej ból. Wzywając policję czy wręcz samemu stając w obronie, poprawiamy także własny nastrój.

Są też przypadki, w których nie ma bezpośredniego związku między naszym złym humorem a pomocą, której udzielamy. Ogólnie jednak eksperymenty pokazują, że kiedy wywołamy u uczestników smutny nastrój, stają się bardziej pomocni. Jak to wyjaśnić? Po pierwsze pewnie stajemy się bardziej wrażliwi na nieszczęśliwe zrządzenia losu w życiu innych ludzi, kiedy sami ich doświadczamy. „Torowanie" (zob. rozdział „Jak do jęku dochodzi żądza – albo ból", s. 25) i „zasada podobieństwa" („Czy przeciwieństwa się przyciągają?, s. 118) sprawiają, że łatwiej zwracamy uwagę na cierpienie innych ludzi i odczuwamy wobec nich sympatię.

Tak zwana hipoteza „redukcji negatywnego stanu emocjonalnego" idzie jeszcze o krok dalej. Głosi ona, że kiedy czujemy się kiepsko, w sposób systematyczny poszukujemy możliwości, by poczuć się lepiej. Jedną z takich możliwości jest niesienie pomocy innym. Czyniąc dobro, poprawiamy własny bilans emocjonalny.

Czy więc, koniec końców, zawsze pomagamy z pobudek egoistycznych? Odpowiedź na to pytanie jest przedmiotem sporów naukowych od dawien dawna. Tak zwana hipoteza „empatii–altruizmu" wychodzi z założenia, że jesteśmy zdolni do prawdziwie altruistycznej, bezinteresownej pomocy, kiedy wobec kogoś odczuwamy prawdziwą empatię. Ale jak silnie powiązane są współczucie i zaspokajanie własnych interesów, już widzieliśmy. Ostatecznie nie jest chyba aż tak ważne, dlaczego dokładnie ludzie pomagają, ale *że* pomagają – i że wiedzą, jak najpewniej uda im się pomoc pozyskać. Już teraz też o tym wiesz.

34. DLACZEGO KIJ NIGDY NIE POWINIEN STAĆ SIĘ MARCHEWKĄ

Dzięki „warunkowaniu" konsekwentnie będziesz dostawać to, czego chcesz.

Po raz kolejny osoba, z którą umówiłeś się na randkę, się spóźnia; dzieci mimo zakazu potajemnie grają w gry komputerowe; współpracownicy po raz wtóry zawalają terminy... Co robisz? Ponieważ jesteś uprzejmym człowiekiem i zostałeś dobrze wychowany w dwóch na trzy przypadki łaskawie przymykasz oko. Dopiero za trzecim razem „karzesz" uchybienie przyjazną, acz zdecydowaną groźbą sankcji. Bez kar, żeby nie robić niepotrzebnego zamieszania. I co się dzieje? Skutki są dokładnie odwrotne od zamierzonych. Twoja „randka" spóźnia się jeszcze częściej i jeszcze bardziej, dzieci stają się jeszcze bezczelniejsze, współpracownicy już prawie nic nie robią...

Tak... czy może chodzić o to, że twoje zachowanie jest w jakimś stopniu kontraproduktywne – i że wszystko jeszcze pogarsza?

Odpowiedź dosłownie leży jak na... łapie – w obszarze psychologii uczenia się. Odkryj z nami subtelne narzędzie, jakim jest warunkowanie: kiedy piesek daje swojej paniusi łapeczkę, a paniusia nagradza to zachowanie pychotką, to czworonożna istotka będzie ponownie, coraz częściej, podawać łapeczkę. Nie robi tego bezinteresownie. A paniusia i pańcio cieszą się mimo wszystko. Kiedy jednak pewnego dnia zabraknie nagrody, zachowanie bardzo szybko zanika. Niegłupi ten nasz Pikuś. Zanikanie zachowania czy jego ustanie nazywamy fachowo „wygaszeniem”.

Co możemy zrobić, żeby zachowanie Pikusia było bardziej odporne na wygaszanie – żeby podawał łapkę także wtedy, kiedy nie będzie smakołyku?

Psychologia zna zaskakującą sztuczkę – wzmacniamy w sposób nieregularny, czyli od czasu do czasu.

Kiedy pańcia wprawdzie regularnie dostaje łapkę, ale tylko czasami nagradza pieseczka, faza wygaszania trwa dłużej. Nasz kudłaty przyjaciel żywi bowiem do samego końca nadzieję, że jednak kiedyś tam dostanie coś dobrego. W końcu tak właśnie Pikuś się uczył: za każde podanie łapki tylko od czasu do czasu dostawał nagrodę, a między nagrodami zawsze były przerwy. Fazę, w której już nic nie ma, pies odczuwa po prostu jako przerwę dłuższą niż zazwyczaj. I cały czas podaje łapkę. Praktyczne!

Co to teraz oznacza dla ciebie?

Wniosek numer jeden: kiedy chcesz kogoś do czegoś nakłonić, jego lub ją „wychować”, coś dla siebie ugrać – warto posługiwać się nieregularnym schematem wzmacniania. W taki sposób sprawisz, że pożądane zachowanie utrzyma się dłuższy czas. Że będziesz w stanie dłuższy czas czerpać z niego korzyści – także wtedy, kiedy już dawno przestałeś osobę to zachowanie ujawniającą chwalić, nagradzać, wzmacniać...

Ale, jak wszystko w życiu, także nieregularne wzmacnianie ma, poza tą jasną, także stronę ciemną. I tak oto dobrnęliśmy do wniosku numer dwa: nieregularne karanie działa identycznie jak nieregularne wzmacnianie! Jeżeli sądzisz, że uprzejmym upomnieniem od czasu do czasu przywołasz do porządku swoją sympatię, dzieci czy współpracowników – to poważnie się mylisz. Brak kary w dwóch na

trzy przypadki jest przez winowajcę wewnętrznie i nieświadomie odbierane jako nagroda. A to prowadzi do tego, że zachowanie niepożądane (spóźnianie się, oglądanie telewizji, niewywiązywanie się z zadań) pojawia się częściej i w pewnym momencie stanie się odporne na wygaszanie. Po prostu już nie zaniknie.

Czego się więc uczymy? Jeśli już karać – to porządnie. Nagradzaj oszczędnie, ale karz konsekwentnie. Wszystko inne nie tylko jest bez- sensowną paplaniną, lecz także pogarsza sytuację. Możesz od razu każde uchybienie nagradzać czekoladką.

Mądrość ludowa głosi, że kara być musi! A psychologia uczenia się potwierdza tę tezę naukowo: trochę bata to nic innego, jak bezu- stanna marchewka – trochę nieregularnych kar działa jak najskutecz- niejsza postać nagrody. Ale nie mówcie Pikusiowi.

35. JAK SPRAWIĆ, BY CZARNA OTCHŁAŃ NASZEJ PSYCHIKI DZIAŁAŁA NA NASZĄ *KORZYŚĆ*, ZAMIAST NAM SZKODZIĆ

Dzięki pojęciu „psychohigieny"
z psychologii stosowanej twoje życie
nagle stanie się łatwe i piękne.

Porządki wiosenne – sprzątamy i pucujemy, szorujemy i polerujemy wszystko, by pięknie pachniało i błyszczało.

Cóż za wspaniałe uczucie, kiedy wszystko wokół jest czyste i posprzątane, i do tego jeszcze higienicznie pachnie! Ale nie wszystko, co na pierwszy rzut oka jest starym gratem, wyrzucamy na śmietnik! Część gratów to „przydasie", które chętnie upychamy do pudełek w piwnicznym schowku, by w każdej chwili móc je odzyskać, kiedy jednak okażą się nam potrzebne.

Na zewnątrz, w mieszkaniach, opanowaliśmy tę sztukę całkiem dobrze. Ale jak wygląda sprawa higieny w naszym wnętrzu? Tu zdecydowanie zbyt rzadko odważamy się na robienie porządków.

Zróbmy to więc razem – z psychohigieną.

„Psychohigiena" jest od dziesięcioleci solidnym pojęciem naukowym. Opisujemy tak dbałość o zdrowie psychiczne. Zapobiega obciążeniom i zaburzeniom psychicznym poprzez indywidualne działania. Działania te mogą być różnorodne – zaraz pokażemy ci ważny sposób, który może dobrze służyć nam wszystkim w codziennym życiu, utrzymując nas w zdrowiu psychicznym.

Wszyscy od czasu do czasu przeżywamy intensywne uczucia, doświadczamy złych rzeczy, cierpienia, strat i żałoby. Ponieważ powiązane z tym treści (myśli i uczucia) nie są przyjemne, a często wręcz zagrażające, „pomagamy" sobie, najczęściej po prostu usuwając je ze świadomości. W psychologii mówimy wtedy o wyparciu, podstawowym mechanizmie obronnym osobowości.

To, co z jednej strony wydaje się pomocne (pozbywamy się obciążenia), ma jednak także ciemną stronę. Ponieważ treści wyparte nadal pracują poza naszą świadomością – szukając innych sposobów, by na nas oddziaływać. Upośledzają nasze funkcjonowanie, operując z głębokich warstw naszego Ja, i mogą dosłownie wpędzić nas w chorobę. Znanymi przykładami takich psychosomatycznych dolegliwości są neurodermatozy, zaburzenia żołądkowo-jelitowe, zaburzenia jedzenia, przewlekłe zmęczenie, nadciśnienie, astma i częściowo także nowotwory.

W takich sytuacjach zdarza się, że trafiamy na miesiące czy nawet lata „na kozetkę" – mozolnie musimy się nauczyć wydobyć wyparte treści psychiczne, by je właściwie przepracować. Współczesne badania pokazują, że 25 procent dorosłych w Niemczech cierpi przynajmniej jeden raz w życiu lub wręcz stale z powodu psychicznych czy fizycznych dolegliwości, takich jak stany lękowe, depresja czy choroby psychosomatyczne, a tendencja jest wzrostowa!

Żeby sprawy nie zaszły aż tak daleko, powinniśmy pilnie zająć się psychohigieną. Zdradzimy ci szczególną jej postać – jak możesz konstruktywnie wykorzystać mechanizm wyparcia; nie wypierać nieprzyjemnych treści – myśli i uczuć – ale najpierw je przyjąć i docenić. A potem oddać odpowiedzialność za nie wyższej instancji, którą możesz dowolnie sobie nazwać: Bóg, niebo, światło, los, przypadek, nic – w zależności od twoich osobistych przekonań.

Za sprawą poniższego, prostego ćwiczenia możesz w każdej chwili i wielokrotnie gruntownie „wypucować" swoją duszę:

Krok 1: myślami i emocjami zanurz się w obciążającym cię doświadczeniu. Przyjrzyj się sytuacji, obejrzyj osoby zaangażowane, wczuj się głęboko we własne uczucia. Bądź uważny i skoncentrowany.

Krok 2: wyartykułuj swoje uczucia, świadomie sobie powiedz: „Jestem .... " (wstaw swoje uczucia, np. przestraszony, wściekły, smutny, zdesperowany, samotny, pozbawiony nadziei – w zależności od tego, co w danej chwili czujesz).

Krok 3: powiedz sobie: „Tak, to mój/moja .... (lęk, wściekłość; wstaw tu wypowiedziane wcześniej uczucie). Mam prawo czuć .... Mój/moja .... jest naturalną i wartościową częścią mojej osobowości".

Krok 4: nakręć w duchu coś w rodzaju „filmu" o swoim uczuciu i „nagraj" go na płytę czy kasetę. W duchu umieść i zamknij kasetę/ płytę w bezpiecznym miejscu, na przykład w szafie, do której tylko ty masz dostęp, albo w sejfie.

Krok 5: teraz masz różne możliwości: możesz zawsze, kiedy masz na to ochotę i kiedy sytuacja jest adekwatna, zająć się swoimi uczuciami. W tym celu wyciągnij „film" ze schowka i obejrzyj sobie sekwencję twoich emocji. W każdej chwili możesz „film" zatrzymać lub całkiem wyłączyć. I w każdym dowolnym momencie możesz znowu zamknąć go w szafie. Masz kontrolę!

Inna możliwość, to powiedzieć sobie: „Odczuwam .... (emocja), szanuję mój/moją .... jako część mojej osobowości; teraz oddaję odpowiedzialność za mój/moją .... wyższej instancji, która od tej chwili ma się nim/nią zająć". W myślach zapakuj kasetę czy płytę do rakiety i wyślij ją daleko, daleko, najlepiej na księżyc. W ten sposób (ponownie) oddałeś odpowiedzialność za swoje uczucie.

Jaki sens ma cała ta zabawa?

Po pierwsze świadomie doświadczasz swoich uczuć jako części siebie i doceniasz je. To wcale nie jest takie oczywiste, jak ci się być może wydaje, gdyż zazwyczaj raczej staramy się pewnych myśli i uczuć nie dopuszczać do świadomości i je wypieramy. Robiąc to, rozszczepiamy się i wewnętrznie dzielimy. Nierzadko wstydzimy się swoich uczuć, gdyż już jako dzieci musieliśmy się nauczyć, że na przykład nienawiść czy wściekłość nie są zbyt pożądane. Jest to główną przyczyną występujących u wielu ludzi trudności w dostępie do własnych uczuć (zob. s. 32). Nauczyliśmy się, że pewnych rzeczy czuć nie wolno, ponieważ jest to złe lub niewłaściwe. A przecież właśnie nienawiść czy wściekłość mogą być całkiem naturalnymi i uzasadnionymi składowymi mojej osobowości. Wypieranie ich może na dłuższą metę prowadzić do nieuświadomionego cierpienia i choroby. Dlatego ważne jest, by wszystko dopuścić i zaakceptować – ale niekoniecznie od razu wdrożyć. To byłby dopiero drugi krok. Poczuć gniew, że mój kolega po raz kolejny mnie szczypie, jest uzasadnione i normalne. Ale to jeszcze długo nie oznacza, że mam prawo go pobić. W życiu codziennym często mylimy te dwie sprawy: ponieważ przełożenie pewnych uczuć na działanie ma lub może mieć poważne (w przykładzie z pobiciem nawet prawne) konsekwencje, zabraniamy sobie w ogóle ich odczuwania i uznania. Fatalnie. Sami pozbawiamy się wewnętrznego bogactwa. To były pierwsze trzy kroki.

Kolejne dwa (krok 4 i 5) są bardzo pomocnymi interwencjami terapeutycznymi, które można z sukcesem stosować w wypadkach poważnej traumy. Podczas przeżywania psychicznej traumy myśli i uczucia są tak silne, że dominują całą osobowość. Normalne życie przestaje być możliwe, ponieważ utracona zostaje kontrola nad myślami i emocjami.

Dla naszych celów możemy wspaniale wykorzystywać tę technikę, nieszkodliwą specyficzną postać kontrolowanego wyparcia, by poradzić sobie z własnymi myślami i uczuciami. Uświadamiamy je sobie i podchodzimy do nich poważnie, akceptując je jako część naszej osobowości – ale sami decydujemy, kiedy się nimi zajmiemy, a kiedy nie.

I to jest zdrowa różnica!

Nie w każdej sytuacji nasze myśli i uczucia są adekwatne i pożądane. Uczymy się więc przełożyć zajmowanie się nimi na później, byśmy do tego momentu byli w stanie dobrze „funkcjonować" i nie padli ofiarą własnych wewnętrznych turbulencji. A kiedy w wystarczającym stopniu zajmiemy się naszymi myślami i emocjami, odsyłamy je tam, skąd przyszły. I tak oto mamy kontrolę! A kontrola wciąż i wszędzie ma dla nas ogromne znaczenie...

36. ILE JEST W TOBIE INDYWIDUALIZMU - KIEDY JEST TO POTRZEBNE?

Dzięki „konformizmowi" z psychologii społecznej zawsze dobrze się ustawisz, ale czasami kosztuje cię to utratę własnego zdania.

Zebranie zespołu w biurze. Kolega przedstawia nową koncepcję marketingową.

„To nie ma prawa zadziałać, cała koncepcja nie ma rąk i nóg", myślisz w duchu i pracowicie wynotowujesz kilka punktów krytycznych.

„Co o tym sądzicie?", pyta szef.

Pierwszy zapytany kolega mówi, że jego zdaniem propozycja jest świetna!

Twoja koleżanka z sąsiedniego pokoju jest podobnego zdania. Tak jak kolejnych sześciu współpracowników i współpracowniczek. Wszyscy są zachwyceni.

Teraz twoja kolej, by się wypowiedzieć. Co mówisz?

Doskonała okazja, by wykazać się indywidualizmem, przedstawić własne zdanie, wyrazić niewygodną prawdę, nieprawdaż? Wszyscy nosimy w sobie tęsknotę za byciem kimś wyjątkowym, poza schematami. Z pewnością większość ludzi odpowie teraz, że podczas zebrania zespołu przedstawią własne zdanie także wtedy, kiedy wszyscy inni widzą sprawy odmiennie. Tyle teorii.

Jeżeli jednak rzeczywiście znajdujemy się w sytuacji jak ta opisana we wstępie, przeważnie działamy inaczej. To pokazują wszystkie dotychczasowe badania. Większość ludzi się dopasowuje, kiedy doświadcza sytuacji w rzeczywistości, a nie na papierze. Ostatecznie uznają, że propozycja jest dobra i swoje krytyczne notatki wrzucają do kosza.

Dlaczego tak się dzieje? W języku naukowym zjawisko to wyjątkowo nazywamy tak samo, jak w języku potocznym: „konformizm". Opisuje naszą skłonność dostosowywania się do grupy.

Istnieją dwie główne psychologiczne przyczyny konformizmu: „wpływ informacyjny" i „wpływ normatywny". Nazywamy to „zapożycz i się nagnij" – zapożyczamy opinie innych lub naginamy się do zdania większości.

Przypadek pierwszy, zapożyczenie: często nie jesteśmy w stanie sami natychmiast dokładnie ocenić sytuacji, ponieważ albo brakuje nam danych, albo informacje nie są jednoznaczne. Wtedy się rozglądamy – jak zachowują się ludzie wokół? Pożyczamy od nich informacje – i w ten sposób pozostajemy pod ich wpływem informacyjnym.

W klasycznym eksperymencie poświęconym temu zjawisku uczestnikom pokazuje się punkt świetlny w ciemnym pomieszczeniu. Tu potrzebna jest pewna wiedza wstępna: kiedy ludzkie oko widzi punkt światła w ciemnym pomieszczeniu, prowadzi nas na manowce. Czasami mamy wrażenie, że punkt świetlny się porusza – nawet jeżeli w rzeczywistości pozostaje nieruchomy. Różni ludzie widzą różny rodzaj ruchu, ponieważ każde oko reaguje w tej sytuacji nieco inaczej. Nazywamy to „efektem autokinetycznym". W taki sposób konfrontujemy więc uczestników z sytuacją, w której informacja jest niejasna, a przede wszystkim w której każdy subiektywnie spostrzega coś innego.

Teraz pytamy uczestników, jak mocno porusza się ów punkt. Kiedy pytamy każdego uczestnika osobno, podają zupełnie różne wartości: pięć centymetrów, pół metra, czyli tyle, ile właśnie osobiście spostrzegli. Ale kiedy pytamy ich w grupie, ci sami uczestnicy nagle dochodzą do jednolitych szacunków. Na przykład uzgadniają, że punkt poruszył się dziesięć centymetrów, kiedy ta właśnie wartość pojawia się w grupie na początku (zob. też „heurystyka zakotwiczenia" w rozdziale „Lepiej żyć – dzięki błędom w myśleniu", s. 75). Niepewność własnych spostrzeżeń kompensujemy więc, ufając informacjom pochodzącym od innych.

Często właśnie dlatego zachowujemy się konformistycznie. Mogliśmy, we wstępnym przykładzie, nagle poczuć się niepewni, czy koncepcja kolegi rzeczywiście jest taka zła, skoro inni ją chwalą. A wystarczy, że *poczujemy* niepewność, i już zbieramy informacje od innych. I wszyscy mówią: świetne! Ostatecznie sami naprawdę jesteśmy przekonani, że pozostali mają dobre informacje. I dopasowujemy do nich nasze przekonania.

Przypadek drugi, naginanie się. Oczywiście są sytuacje, w których jesteśmy całkowicie pewni. Nie potrzebujemy wtedy żadnych informacji od innych. Nie zmieniamy więc naszego przekonania, ale decydujemy wbrew niemu – ponieważ tak zadecydowali inni. Eksperyment z punktem świetlnym można zmodyfikować w taki sposób, by złudzenie optyczne nie występowało, czyli każdy uczestnik widzi to samo. Na przykład ludziom pokazywane są dwie linie i pyta się ich, która jest dłuższa. Obiektywnie prawdziwa jest tylko jedna odpowiedź i praktycznie wszyscy odpowiadają poprawnie, kiedy pytani są w pojedynkę. A teraz pytanie pada w grupie. Na samym początku dwie osoby będące w rzeczywistości pomocnikami eksperymentatora podają ewidentnie błędną odpowiedź. I oto nagle większość uczestników także udziela błędnej odpowiedzi, choć wiedzą, że jest inaczej. Dlaczego to robimy? Nie chcemy wyjść na głupków! Wychodzimy z założenia, że inni będą nas mniej lubić albo że wręcz się zbłaźnimy, jeżeli zadecydujemy inaczej niż grupa. Pomyśl o zasadzie podobieństwa – inni nas lubią, jeśli mamy podobne poglądy. A *chcemy* być lubiani! Udowodniono, że w naszym mózgu uaktywniają się ośrodki odpowiadające za negatywne uczucia, kiedy „występujemy przeciwko" grupie. I to nawet wtedy, kiedy wcale nie znamy otaczających nas osób i istnieje wysokie prawdopodobieństwo, że nigdy więcej ich nie zobaczymy. Zależy nam więc także na byciu lubianym przez takie osoby i boli nas, gdy się wyłamujemy. Zjawisko to znamy wszyscy pod nazwą „presja grupy" – ale jedynie niewielu spośród nas zdaje sobie sprawę, *jak* bardzo presja grupy rzeczywiście kieruje naszym życiem.

Szczególnie mocno kierujemy się opinią innych, kiedy uznajemy ich za autorytety i ekspertów. Samo w sobie to nie dziwi; mimo wszystko słynne już eksperymenty psychologa Stanleya Milgrama zaszokowały świat w latach sześćdziesiątych. Nikt wcześniej nie zakładał, że zupełnie normalni ludzie tak całkowicie odłożą na bok własne sumienia i poddadzą się rzekomemu autorytetowi: uczestnicy mieli razić prądem inną osobę, w rzeczywistości pomocnika eksperymentatora, by (teoretycznie) badać wpływ kar na uczenie się. Siła kar narastała, przekraczając 400 woltów. „Uczeń" krzyczał, protestował, by ostatecznie przestać reagować – mimo wszystko uczestnicy posłusznie aplikowali coraz silniejsze wstrząsy elektryczne, kiedy eksperymentator ich do tego zachęcał. Przerażająco łatwo oddali odpowiedzialność autorytetowi.

Zachowywanie się w sposób konformistyczny nie musi być zawsze złe. Często uzyskujemy jednak adekwatne informacje, kiedy rozglądamy się na prawo i lewo. A gdyby każdy zawsze i wszędzie chciał przeforsować własne zdanie wbrew opinii większości, nie bylibyśmy w stanie żyć w społeczeństwie, a już na pewno ze sobą pracować. Ale powinniśmy robić to świadomie. Następnym razem zadaj sobie pytanie: czy to jestem ja – czy też właśnie ujawnia się informacyjny lub normatywny konformizm?

37. GDZIE NAJLEPIEJ DAĆ SIĘ NAPAŚĆ

Tak przechytrzysz efekt widza.

Załóżmy, że ktoś nagle doznaje zawału serca. Jak sądzisz, w której z podanych niżej sytuacji ma największe szanse przeżycia?

❏ Wieczorem w biurze, kiedy robi nadgodziny i do domu poszli już wszyscy poza jedną koleżanką z sąsiedniego pokoju. Jest ona jednak w ciąży i nie może już prawie chodzić, nie mówiąc o udzielaniu pierwszej pomocy.

❏ W metrze, w którym wokół siedzi 30 osób, prawie wszyscy mają komórki i są sprawni fizycznie.

Intuicyjnie, w sytuacji, w której miałoby nam się przytrafić coś złego, chcemy mieć wokół jak najwięcej ludzi. Nikt w takiej sytuacji nie chce zależeć wyłącznie od jednego człowieka. Najczęściej sądzimy, że im więcej ludzi, tym większe szanse, iż ktoś będzie umiał i chciał pomóc.

W rzeczywistości jednak, kiedy znajdziemy się w biedzie, lepiej mieć wokół jak najmniej ludzi (przynajmniej jednak tę jedną osobę) – to niewyobrażalnie podnosi nasze szanse na przeżycie. O tym smutnym efekcie możemy często przeczytać w gazetach: ktoś zostaje napadnięty w miejscu publicznym, wokół są tłumy, ale kilka cennych minut upływa, nim ktoś zdecyduje się pomóc. A często nie pomaga nikt. Po takim zdarzeniu za każdym razem cały kraj jest wstrząśnięty i zszokowany. Wszyscy zadają sobie pytanie, jak to możliwe? Żyjemy w świecie tchórzliwych egoistów? Wszyscy jesteśmy tylko podglądaczami, bezradnymi w najprawdziwszym tego słowa znaczeniu? Naukowe wyjaśnienie jest trochę trudniejsze. W psychologii zjawisko polegające na tym, że wiele osób raczej patrzy niż pomaga, określane jako „efekt widza" lub „rozproszenie odpowiedzialności", jest dobrze zbadane. Bywa też nazywane „syndromem Genovese". Amerykanka Kitty Genovese została napadnięta i brutalnie zamordowana w latach sześćdziesiątych w Nowym Jorku. Napad trwał ponad pół godziny; późniejsze dochodzenie ujawniło, że czyn widziało lub słyszało przynajmniej 38 osób. Nie pomógł nikt.

Co dzieje się w takich przypadkach z dynamiką grupową? Działają tu dwa zjawiska, które już poznaliśmy (zob. s. 149): konformizm informacyjny i normatywny.

Kiedy nie mamy pewności, jak ocenić sytuację, orientujemy się według otaczających nas ludzi i „pożyczamy" sobie od nich informacje. Zwłaszcza w sytuacjach nagłych i wypadkach prawie zawsze brakuje nam pewności, ponieważ nie są to zdarzenia przytrafiające nam się codziennie. I brakuje nam wprawy. Pytamy się: o co tu właściwie chodzi? Czy to jest niebezpieczne, czy tylko tak wygląda? Co mam robić? Ponadto w sytuacjach nagłych przeważnie liczy się czas – kolejny powód, by nie wdawać się w rozmyślania, tylko robić to, co ludzie dookoła.

W pewnym eksperymencie na przykład uczestnicy badania mają czekać w pomieszczeniu, do którego przez otwór nagle wpuszczany jest biały dym. Większość szybko opuszcza pomieszczenie – kiedy czekają w nim sami. Jeśli jednak w poczekalni siedzą pomocnicy eksperymentatora, którzy zachowują spokój, także uczestnicy pozostają spokojni – i siedzą dalej. Nawet jeżeli już prawie nic nie widzą z powodu gęstego dymu. Kiedy w samolocie nagle pojawi się zapach spalenizny, rozglądamy się i patrzymy na reakcje innych. Jeżeli oni są spokojni, nie może to być nic poważnego. Tak myślimy.

I już to może być brzemienne w skutki. Inni często mają równie blade pojęcie, co się dzieje, jak my. Bo i skąd? Bezradnie się rozglądają – i każdy interpretuje oczekująco-bezradne spojrzenie innych w taki sam sposób: „skoro ten tu siedzi spokojny i opanowany, to nie dzieje się nic złego". Zjawisko to nazywamy „pluralistyczną ignorancją": kiedy nikt się nie niepokoi, to i my zachowujemy spokój. Jeżeli jeszcze ktoś wejdzie w rolę „eksperta", promieniując jakąś specjalną wiedzą, roimy sobie, że jesteśmy całkowicie bezpieczni. Im bowiem wierzymy szczególnie. Problem w tym, że podczas nagłych wypadków eksperci wiedzą często tak samo mało jak i my. Oni tylko działają pewniej od innych (działa tu „złudzenie ponadprzeciętności", zob. „«Na szczęście nie jesteśmy tacy, jak Pipsztyccy...» A może jednak?", s. 64).

Regularnie słyszymy doniesienia o tragicznych wypadkach w krajach, w których spędzamy urlopy. A to na otwartym morzu tonie statek, który nadawał się jedynie na złom, albo pijany kierowca rozbija bus pełen turystów o drzewo. Potem reporterzy telewizyjni zadają pytanie: jak to możliwe, że ktokolwiek w ogóle tam wsiadł? Odpowiedź: bo inni wsiadali. Byli spokojni, więc każdy dla siebie ocenił: sytuacja jest bezpieczna.

Kiedy 11 września 2001 roku w Nowym Jorku pierwszy samolot uderzył w wieżę World Trade Center, w budynku rozbrzmiał komunikat, że wszyscy powinni pozostać w swoich biurach, zachować spokój i czekać na pomoc. Rzeczywiście tak wyglądają ogólne wytyczne, co robić w sytuacjach nagłych, i „eksperci" dodatkowo wzmacniają te zalecenia w tej krytycznej sytuacji. Niektórzy pracownicy jednak słuchają własnego instynktu i biegną schodami w dół – by na dole zostać ponownie skierowanym do swoich biur – i posłusznie wracają.

Żadna z osób, które pozostały w swoich biurach, nie przeżyła.

Przeżyli ci, którzy zdali się na własne spostrzeżenia i oceny.

Ale wróćmy do efektu widza i pytania, dlaczego widzowie rzadko pomagają w nagłej sytuacji? Kiedy ktoś jest w metrze bity, sytuacja może początkowo nie być jasna. Może są to niewybredne „żarty" między kumplami, może napastnik zaraz przestanie albo ofiara jest wystarczająco silna, by się obronić. Jednak w pewnej chwili dochodzimy do punktu, w którym informacja jest jednoznaczna: ktoś jest w niebezpieczeństwie i potrzebuje pomocy. Może nawet o nią woła. Mimo to tłum zachowuje się tak, jakby nic się nie działo.

Zjawisko to określamy mianem „rozproszenia odpowiedzialności". Nawet jeżeli trafnie oceniliśmy sytuację, czujemy na sobie tym mniejszą odpowiedzialność, by udzielić pomocy, im więcej ludzi znajduje się wokół. Pokazuje to mnóstwo eksperymentów z inscenizowanymi wypadkami, gdzie uczestnicy badani są czasami w pojedynkę, a czasami w grupie.

Czego nas to uczy?

Po pierwsze: nasza intuicja może nam w sytuacji kryzysowej uratować życie. Jeżeli nie masz pewności, co się dzieje, zapytaj sam siebie: co bym teraz zrobił, gdybym był tu sam? Pomyśl o tym, że ludzie wokół ciebie mają tak samo blade pojęcie o tym, co się dzieje, jak ty – i w razie wątpliwości zawierz własnemu instynktowi. Dotyczy to też sytuacji przed wypadkiem – kiedy chodzi o ocenę, jak niebezpieczna może stać się konkretna sytuacja.

Po drugie: Jeżeli sam stałeś się ofiarą i potrzebujesz pomocy, przechytrz pluralistyczną ignorancję. Wyraźnie powiedz: „Potrzebuję pomocy". A potem obejdź rozproszenie odpowiedzialności, zwracając się do konkretnej osoby: „Pan w szarym krawacie, proszę wezwać policję".

I po trzecie: uratuj komuś życie, przypominając sobie o istnieniu efektu widza w sytuacji, w której sam nim jesteś. Mamy bowiem jeszcze jeden interesujący rezultat badań: ludzie są bardziej skłonni pomóc, kiedy wcześniej usłyszeli o efekcie widza, i są świadomi problemu rozproszonej odpowiedzialności. Dlatego dziel się swoją wiedzą. Tak często, jak tylko jest to możliwe.

38. DLACZEGO NIGDY NIE ROBIMY TEGO, CO POWINNIŚMY, I NIE DOSTAJEMY TEGO, CZEGO BYŚMY SOBIE ŻYCZYLI

Dzięki kilku sztuczkom z badań
nad postawami możesz wykorzystać
dla siebie zjawisko „reaktancji".

Dawno temu – w raju: nie chodziło o to, że nie było wszystkiego pod dostatkiem. Raj jest krainą mlekiem i miodem płynącą. Gołąbki same wpadają Adamowi i Ewie do gąbki. Muszą tylko pogryźć. I pomimo tego, musi być tam akurat to jedno, zakazane jabłko. Wszystko inne, dozwolone, jest w porównaniu z nim nieciekawe.

Dawno temu – jesteśmy mali: czekolada smakuje oczywiście zawsze i sama z siebie dobrze. Ale szczególne wybornie smakuje wtedy, kiedy właściwie nie wolno nam jej jeść. Dopiero wtedy naprawdę mamy na nią ochotę. Aż nas skręca, walczymy jak dzikusy, z siłą niedźwiedzia napieramy na mamę, która nie chce nam jej dać, a przynajmniej nie w takiej ilości, w jakiej byśmy chcieli.

Dzisiaj – już osiągnęliśmy dojrzałość płciową: pieszczoty zawsze same w sobie są miłe. Ale szczególnie miłe i skrajnie przyjemne są pieszczoty z kimś innym niż nasz partner, czego właściwie robić nam nie wolno. Ale dopiero wtedy tego chcemy. Wykazujemy niebywałą energię i opracowujemy niesamowite strategie.

Dlaczego to właśnie „zakazane" owoce tego świata są dla nas zawsze tak niezwykle kuszące?

Zachowanie Adama, Ewy i nas samych określamy fachowo jako „reaktancję". Teoria reaktancji została opracowana już w latach sześćdziesiątych między innymi przez psychologa Jacka Brehma: reaktancja jest skutkiem presji, sprzeciwem wyrażanym wobec wewnętrznych czy zewnętrznych ograniczeń – na przykład kiedy ktoś chce nam coś zabrać, grozi nam lub czegoś nam zabrania.

Nasze – potocznie mówiąc: przekorne – zachowanie polega na tym, że mimo wszystko, a może właśnie dlatego, dopuszczamy się niepożądanych lub zakazanych działań – w taki sposób chcemy bowiem na powrót odzyskać swoją wolność!

Teoria reaktancji została potwierdzona w wielu ciekawych eksperymentach. Na przykład dzieciom bardziej podoba się przerwany film, kiedy podobno nie da się go już dalej wyświetlić, niż wtedy, kiedy uda się go później jednak obejrzeć do końca.

W skrajnych sytuacjach nigdy wcześniej z własnej woli nie robiliśmy czegoś (jabłko, czekolada, pieszczoty), dopóki nie zostało nam to zakazane – ale od chwili zaistnienia zakazu robimy to z zaangażowaniem. Idiotyczne!

Zabawny przykład możemy znaleźć w słynnej powieści Marka Twaina: zdolniacha Tomek Sawyer jest bezustannie gnębiony przez swoją ciotkę Polly rozmaitymi metodami wychowawczymi. Kiedy pewnego dnia ma pomalować płot, przechodzi jego przyjaciel Ben i się z niego naśmiewa. Tomek zaś zachowuje się tak, jakby malowanie płotu było najwspanialszą rzeczą na świecie, jakby w tej chwili nie istniało żadne przyjemniejsze zajęcie. Ben jest skonfundowany – i pyta, czy mógłby pomóc. Tomek wyraża żal, stawiając pod znakiem zapytania poziom zdolności Bena i podkreślając, jak bardzo wymagającą osobą jest jego ciotka. Ben naciska i naciska, proponuje Tomkowi nawet prezent – ostatecznie Tomek wmanewrował przyjaciela w działanie, którego w normalnych warunkach ten nigdy by się nie podjął – gdyby nie było tak niedostępne i tym samym tak nieprzyzwoicie atrakcyjne...

I w taki oto sposób, obok wyjaśnienia dla reakcji „No to do- piero teraz chce mi się czekolady!" otwierają się przed nami nowe możliwości: spraw, by twoi bliscy wreszcie robili to, czego ty chcesz! Kiedy coś jest dla ciebie ważne, a druga strona nie chce zostawić ci nawet cienia nadziei na spełnienie twojego życzenia, masz dwie możliwości. Albo wykorzystasz samospełniającą się przepowiednię (zob. s. 41) i „chwalisz" człowieka, jeszcze zanim ujawni pożądane zachowanie. Albo postąp jak Tomek Sawyer ze swoim przyjacielem Benem. Wykorzystaj tzw. interwencję paradoksalną, która przynosi dużo dobrego także w kontekście terapeutycznym. Zasygnalizuj na przykład swojej mamie, oczywiście zupełnie niewinnie: „Ta czeko- lada wcale nie jest taka smaczna" albo: „Proszę nie zawracaj mi już głowy tą czekoladą". Twoja mama poczuje się koszmarnie ograni- czona w swojej wolności i na skutek potężnej reaktancji będzie ci wciskać całe tony czekolady...

39. DLACZEGO TWOJA MAKULATURA MOŻE BYĆ WARTA WIĘCEJ NIŻ SAMOCHÓD TWEGO SĄSIADA

„Efekt posiadania" pomoże ci
robić dobre interesy.

Koniec tygodnia: odprężony snujesz się po pchlim targu. Przy jednym ze stoisk z rupieciami spontanicznie się zatrzymujesz i bierzesz do ręki trzyletni komiks. Kartkujesz, uśmiechasz się, zaczytujesz, chcesz go kupić. To zupełnie normalny komiks, z normalnej serii, zaczytany i poszarpany. Cena oryginalna, według etykietki, wynosiła 3,5 euro.

„Nie jest wart więcej niż 30 eurocentów", myślisz, „dziś zrobisz coś niezwykle szalonego i kupisz stary komiks".

„Ile Pani za to chce?", cały zadowolony pytasz sprzedającą.

„18 euro", rozbrzmiewa jej pełen przekonania głos.

Z konsternacją patrzycie sobie w oczy, po czym następuje krótka „wymiana zdań", której nie przytoczymy tu dosłownie, w trakcie której jednak padają takie określenia jak „kompletne oderwanie od rzeczywistości" i „bezczelny dusigrosz".

Potrząsając z niedowierzaniem głową, idziesz dalej. Potrząsając z niedowierzaniem głową, sprzedawczyni przygląda ci się jeszcze bardzo długo.

Skąd bierze się taka mała „różnica zdań"? To oczywiste, że sprzedawca będzie dążył do podbijania ceny, a kupujący będzie chciał ją stargować. To jest jasne, ale to też jest taktyka. W rzeczywistości obie strony wiedzą, że rzecz warta jest więcej lub mniej. W taki sposób nie da się jednak wyjaśnić opisanego zajścia. Sama normalna taktyka negocjacyjna nigdy nie prowadzi do tak drastycznej różnicy w szacowanej cenie, a przede wszystkim do tak emocjonalnych scen – w normalnej „taktyce" obie targujące się strony wiedzą, że podają ceny z księżyca. Do takich scen dochodzi jedynie wtedy, kiedy kwoty w ocenie obu stron nie są kwotami z księżyca: obie strony są głęboko przekonane, że przedmiot rzeczywiście wart jest podawanej przez nich ceny.

Wartość komiksu można ustalić w sposób dość obiektywny; załóżmy, że w tym przypadku leży ona w okolicach dwóch euro. Jak jedna z osób może być przekonana, że wart jest on 18 euro, podczas gdy druga wycenia go na maksymalnie 30 eurocentów? Działa tu tzw. efekt posiadania. I jak zaraz zobaczymy, nie działa on tylko na pchlim targu...

„Efekt posiadania" prowadzi do tego, że ten sam przedmiot wydaje nam się cenniejszy, kiedy należy do nas, niż wtedy, kiedy jest wła-

snością kogoś innego. W słynnym eksperymencie dzielono uczestników na dwie grupy. Wszystkim badanym w jednej grupie dawano do
ręki filiżankę. Drugiej grupie filiżankę jedynie pokazywano. Kiedy
zadano pytanie, jaką kwotę zażyczyliby sobie za tę filiżankę, grupa,
która nie dostała filiżanek do ręki, uważała, średnio, że 2,87 dolara
jest ceną adekwatną. Kto jednak miał filiżankę w ręku, uważał, średnio, że jest ona warta 7,12 dolara, a więc ponad dwukrotnie więcej!
Kolejne eksperymenty potwierdziły, że efekt posiadania systematycznie podnosi cenę w stosunku 2 : 1.

Efekt ten przekłada się na nasze życie w wielu obszarach. Na przykład handlarze wykorzystują go, pozostawiając potencjalnemu klien-
towi towar na dwa tygodnie do „wypróbowania" – konieczność od-
dania przedmiotu jest gorsza niż nieposiadanie go wcale. Ktoś, kto
musi dopłacić podatek, z większym prawdopodobieństwem będzie
się uchylał od obowiązku jego płacenia niż ktoś, komu już pobrano
zaliczkę, i kto i tak już pieniędzy nie zobaczy. Kiedy cena benzyny
wzrośnie o jednego centa na litrze, niektórzy potwornie się tym de-
nerwują. I nie cieszą się nawet w przybliżeniu tak intensywnie, kiedy
benzyna o jednego centa potanieje. Każdy z nas może też zaobser-

wować efekt posiadania u siebie w domu – na strychu, w piwnicy czy garderobie: tyle rzeczy, których od lat nie użyliśmy i już nigdy nie użyjemy; obiektywnie rzecz biorąc, są całkowicie pozbawione wartości – jednak ich nie wyrzucamy, gdyż jesteśmy przekonani, że mamy do czynienia z bezcennymi skarbami.

Efekt posiadania został tymczasem także udowodniony neurologicznie: badano mózgi ludzi, którzy właśnie musieli się z czymś rozstać. Mózg jest aktywny w obszarach, w których przetwarzane są bodźce bólowe – w korze wyspy, będącej częścią kory mózgowej. Aktywność ta powstaje także wtedy, kiedy ludzie sprzedają przedmiot, a więc otrzymują za niego ekwiwalent pieniężny i pod kreską teoretycznie nic im nie ubywa. Rozstawanie się jest więc zawsze bolesne, całkowicie niezależnie od obiektywnej, ekonomicznej perspektywy.

Efekt posiadania może się ujawnić nawet w związku partnerskim...

40. JAK PAN „ZABIJ-MNIE-NIE-PAMIĘTAM" ODZYSKUJE NAZWISKO

Dzięki technikom twórczego rozwiązywania problemów możesz dokonać przełomowych odkryć.

Ranek, właśnie jesteśmy w drodze do pracy, i nagle pojawia się przed nami znana twarz. Przyjaźnie pozdrawiamy: „Dzień dobry panie... eee – chwila, czy to nie ten mąż tej... no... cholera, jak on się nazywa? Bralski, Buczyk, Burski... coś na B...". Ale jak na złość, nazwisko tym bardziej nie chce się przypomnieć, im bardziej się staramy.

Późnym popołudniem nagle, mimochodem, przypominamy sobie nazwisko, które, jakby nigdy nie zaginęło w czeluściach naszej pamięci, jawi się nam teraz wyraźnie w całej swojej okazałości: „Trąbalski! Dokładnie tak nazywa się mąż naszej koleżanki z działu marketingu".

I nie dzieje się tak tylko z nazwiskami. Taka fiksacja naszego umysłu przeszkadza nam w przypominaniu sobie wszelkich możliwych rzeczy i łączeniu informacji w nowy i sensowny sposób: pojęcia, zdarzenia, sytuacje, daty...

Zapoznaj się z eksperymentem z obszaru badań nad twórczym rozwiązywaniem problemów, któremu udał się skok z wykładów psychologii do książek z łamigłówkami: mamy dwie grupy osób badanych, obie grupy dostają:

- małą świeczkę,
- pudełko zapałek,
- pinezkę,
- i zadanie, by zamontować świeczkę na ścianie na wysokości oczu.

Różnica między grupami polega na tym, że pierwsza grupa ma najpierw za pomocą zapałek zapalić świeczkę, a druga grupa nie. Kto szybciej odnajdzie rozwiązanie? Wygrywa grupa druga: mocuje pudełko od zapałek za pomocą pinezki do ściany, wykorzystując je jak podest, na którym za pomocą rozgrzanego wosku przykleja świeczkę. Pierwsza grupa natomiast na próżno głowi się, jak na tysiąc sposobów przyczepić świeczkę do ściany za pomocą pinezki.

Jak można te wyniki wyjaśnić?

Zapalenie zapałki wywołało w pierwszej grupie blokadę umysłową – fiksację na funkcji, jak zwykli mawiać psychologowie: pudełko równa się pojemnik. „Nieobciążona" grupa druga jest za to w stanie zmienić funkcję pudełka z „pojemnika" na „stojak". I to jest właśnie tajemnica kreatywności: zdolność przypisania jakiemuś przedmiotowi funkcji, do której pełnienia teoretycznie nie jest przeznaczony.

A wracając do naszego pana Trąbalskiego: przez „desperackie" próby przypomnienia sobie nasza pamięć ulega całkowitej fiksacji na „B na początku nazwiska" (Bralski, Buczyk, Burski). Przez to inne możliwości, np. „B jako czwarta litera" są mniej dostępne. Takie skutki fiksacji działają nieświadomie na świadomą część naszego procesu rozwiązywania problemu. Eksperymenty naukowe pokazują, że czasami pozbywamy się takich fiksacji dopiero po tygodniu.

Kiedy jesteśmy zablokowani, jedyną rozsądną rzeczą, jaką możemy zrobić, jest udanie się na kreatywną przerwę, która całkowicie wysadzi nasze myślenie z torów, w które wpadło. Dzięki temu osiągamy coś w rodzaju produktywnego zapominania. Przyjemne przy tym jest to, że jest to zupełnie bierna forma ominięcia fiksacji. Nie musimy się wcale wysilać, potrzebujemy jedynie trochę cierpliwości.

Najznamienitsze postaci ze świata kultury i nauki – Bertold Brecht, Charlie Chaplin, Albert Einstein i wielu innych – osiągały szczyty po okresie twórczej przerwy.

Tak oto starzenie się, idące w parze z zapominaniem, ma jednak swoją dobrą stronę...

41. PIENIĄDZ HAMUJE ŚWIAT!

Przechytrz „naduzasadnienie" i podaruj sobie
i innym szczęście „motywacji wewnętrznej".

Załóżmy, że w twojej kamienicy mieszka starsza pani, która nie porusza się już tak sprawnie jak dawniej. Młody student z sąsiedztwa robi dla niej raz w tygodniu zakupy. Wyraźnie widać, że robi to chętnie, że świadczenie sąsiedzkiej pomocy i każdorazowa krótka rozmowa z sąsiadką sprawiają mu przyjemność.

Załóżmy, że opisana sąsiadka jest osobą zamożną. Kiedy spotykasz ją na korytarzu, zwraca się do ciebie ze słowami: „Ten młody człowiek tak bardzo mi pomaga, a przecież jako student nie ma zbyt wiele pieniędzy. Czy nie powinnam mu za każdym razem dawać 20 euro? Wtedy wszyscy byliby zadowoleni".

Co jej radzisz?

Na pierwszy rzut oka sprawa wydaje się jasna: ktoś, komu przydałyby się pieniądze, pomaga. A ten, kto pomoc otrzymuje, ma ich w bród. Wszyscy mogą zyskać, nieprawdaż?

A jednak nie jest to takie proste. Może się tak zdarzyć, że z chwilą, w której student zacznie otrzymywać pieniądze, nagle straci zainteresowanie sprawą – i starsza pani będzie musiała sobie poszukać innej pomocy do robienia zakupów.

Brzmi to paradoksalnie, jest jednak dowiedzione naukowo. U studenta może bowiem pojawić się „naduzasadnienie". Mianem tym opisujemy sytuację, w której zewnętrzne zachęty osłabiają lub wręcz niszczą wewnętrzną motywację.

Motywacją nazywamy ogólnie pęd do osiągania celów i robienia określonych rzeczy. Wyróżniamy przy tym motywację „wewnętrzną" i „zewnętrzną".

Motywacja wewnętrzna ma swoje źródła w nas: robimy coś po prostu dlatego, że to lubimy, że uważamy, że jest ciekawe lub sensowne. Tak oczywiście wygląda sytuacja idealna, zarówno dla nas, jak i dla innych. Przy tym realizujemy się w naszym działaniu – i każdy, kto czerpie z tego korzyści, ma wielkie szczęście – czy to nasz pracodawca, czy starsza pani w opisanym przykładzie. Inni mogą być pewni, że wszystko zrobimy wyjątkowo dobrze i z zaangażowaniem.

Motywacja zewnętrzna jest... zewnętrzna: robimy coś, czego właściwie sami z siebie byśmy nie zrobili. Robimy to albo dla nagrody, albo żeby uniknąć kary.

Obydwa rodzaje motywacji, wewnętrzna i zewnętrzna, mogą działać równolegle – ktoś może oczywiście i na szczęście lubić swoją pracę, *pomimo tego*, że dostaje za nią wynagrodzenie. Ale im więcej motywacji wewnętrznej, tym lepiej dla wszystkich zainteresowanych. I przede wszystkim jest bardziej prawdopodobne, że będziemy to coś robić nadal, także w sytuacji, w której przestaniemy być zewnętrznie nagradzani.

A teraz na scenie pojawia się naduzasadnienie: kiedy nagle zaczynamy być nagradzani za coś, co do tej pory robiliśmy dobrowolnie, nasz mózg poddaje tę czynność ponownej ocenie. Mówi sobie: „No taaaka fajna ta rzecz chyba nie jest, skoro robię ją w zamian za nagrodę". Wiąże się to między innymi z dysonansem poznawczym, o którym już pisaliśmy (zob. „Dlaczego zawsze upiększamy swój świat", s. 52).

Jak przebiega ten proces? Ledwie przyjdziemy na świat, a już zaczyna się indoktrynacja: nagrody dostajemy za robienie tych rzeczy, których nie lubimy i które nie są przyjemne! Wolno nam oglądać telewizję, jeśli wcześniej posprzątaliśmy pokój; możemy iść się bawić, jeśli przełkniemy dziwacznie smakujący szpinak; a jak już odrobimy lekcje, to dostaniemy lody lub czekoladę. I tak dalej, doprowadzając ostatecznie do sytuacji, w której wielu ludzi traktuje swoją pensję jak „odszkodowanie" lub „opłatę za milczenie". Za miłe rzeczy, na przykład oglądanie telewizji, granie na komputerze czy surfowanie po internecie nigdy nie dostajemy nagród. Połączenie między „nagrodą" a „nieprzyjemną czynnością" mocno zakorzenia się w ten sposób w naszej świadomości.

Dlatego zewnętrzna nagroda zmienia naszą własną ocenę sytuacji – nagle tracimy radość z danej rzeczy. Z czasem coraz bardziej skupiamy się na otrzymaniu nagrody niż na radości, jaką sprawia nam dana czynność. Skutek: jeśli pewnego dnia zabraknie nagrody, zaprzestajemy działania. Jeżeli podczas eksperymentu damy dzieciom na przykład matematyczną grę edukacyjną, to na początku będą się nią intensywnie bawić, bo sprawi im radość. Następnie przez kilka dni nagradza się je za to, że się nią bawią. Pod koniec ponownie przestaje się nagradzać i sprawdza, jak bardzo dzieci interesują się grą. Wynik: w porównaniu z sytuacją wyjściową zaangażowanie dzieci dramatycznie spada.

Środowisko pracy od zawsze boryka się z tym dylematem: wyznaczanie celów, bonusy i podwyżki stanowią zewnętrzne zachęty dla osiągania rezultatów. To szalone, jeśli przypomnimy sobie, że najlepiej pracuje pracownik z czysto wewnętrzną motywacją! Ale z drugiej strony, czy właśnie ci ludzie, którzy przynoszą swojemu pracodawcy największe korzyści, mają zarabiać najmniej? To byłoby niesprawiedliwe. Do dziś nie udało się tego dylematu rozstrzygnąć. I, jak na razie, z ostrożności, świat pracy organizuje się dalej według systemu zachęt zewnętrznych.

Czy więc motywacja zewnętrzna jest całkowicie nieadekwatna, by pchać ludzi w stronę osiągania celów? Ależ nie! Zewnętrzne nagrody mogą wręcz ujawnić w nas zupełnie niespodziewane siły, o czym

UDOWODNIONO PONAD WSZELKĄ WĄTPLIWOŚĆ, ŻE DLA PAŃSKIEGO DOBREGO SAMOPOCZUCIA BĘDZIE NAJLEPIEJ, JEŚLI BĘDZIE PAN DLA NAS PRACOWAŁ ZA DARMO!

już wiemy (s. 141). I jak pokazują przykłady z naszego dzieciństwa, zewnętrzne zachęty (przynajmniej czasami) całkiem skutecznie doprowadziły do sprzątnięcia pokoju, zjedzenia szpinaku i odrobienia lekcji. Motywacja zewnętrzna doskonale sprawdza się wszędzie tam, gdzie brakuje motywacji wewnętrznej. Czyli faktycznie przy czynnościach, których nie lubimy. Jeśli teraz zobrazujemy sobie, jak dobrze, ogólnie, w środowisku pracy sprawdza się jednak zasada wynagradzania, można na tej podstawie wysunąć smutny wniosek, że ludzie na ogół nie odczuwają szczególnej radości ze swojej pracy...

Bądź więc ostrożny w kwestiach związanych z zewnętrznymi zachętami, zarówno będąc ich odbiorcą, jak i wtedy, kiedy je rozdajesz. Możesz bowiem pozbawić i siebie i innych największej nagrody, jaka istnieje: szczęścia zrobienia czegoś z własnej inicjatywy.

42. PRAWDOPODOBNIE NIE MASZ ŚWIATO(P)OGLĄDU

Ślepota na zmianę kwestionuje sposób,
w jaki spostrzegamy świat.

Porównaj ten obrazek z obrazkiem zamieszczonym na następnej stronie.

Czy coś zwraca twoją uwagę?

Na razie tyle: oba obrazki się od siebie różnią. Jeżeli jeszcze nie odkryłeś różnic, na spokojnie porównaj jeszcze raz.

I jeszcze raz.

I wciąż nic? Mała podpowiedź: różnica nie jest mała, jest olbrzymia! To nie są obrazki, na których gdzieś brakuje jednego listka czy brwi. Brakuje całego drzewa!

Dlaczego mamy taki kłopot ze znalezieniem tak znaczącej różnicy, jeżeli musimy odwrócić stronę, by przyjrzeć się drugiemu z nich?

Zjawisko to nazywamy „ślepotą na zmianę". Nie dostrzegamy nawet poważnych zmian w scenerii, jeżeli choć na chwilę zakłócono naszą uwagę wtedy, kiedy zmiana zachodziła – w tym wypadku przewra-

Leamington Library
Royal Pump Rooms
The Parade
CV32 4AA
Tel. 0300 555 8171

Borrowed Items 23/10/2015 10:12
XXXX387X

m Title	Due Date
Co pije krowa?	13/11/2015 00:00
zydatna	
tily ciemnosci	13/11/2015 00:00
zcenny	13/11/2015 00:00

dicates items borrowed today
nk you for visiting Warwickshire Libraries
v.warwickshire.gov.uk/libraries

ail: leamingtonlibrary@warwickshire.gov.uk
to essential IT maintenance
ibrary will be closed on
day 4th October 2015
apologise for any inconvenience

caniem kartki. Ten sam efekt ujawnia się także na przykład wtedy, kiedy na monitorze albo na ekranie migocze obraz, który podczas jednego z takich mrugnięć gwałtownie się zmieni. Po prostu tego nie zauważymy! Już mały ruch oczami wystarcza, by odwrócić naszą uwagę. I dajemy sobie w taki sposób wciskać najbardziej nieprawdopodobne zmiany.

W eksperymentach na przykład widzowie nie zauważają nawet, jeśli w scenie filmowej zamieni się głowy dwóch ludzi – przy założeniu, że u widza wymusi się krótki ruch oczu.

Nie zauważamy także, kiedy zmienia się osoba, z którą właśnie rozmawiamy: w jednym z eksperymentów podstawiona osoba pyta przechodniów o drogę. I niby przypadkiem ktoś niosący wielką paczkę przechodzi dokładnie między przechodniem a pytającym. W tym czasie podstawiony „pytacz" zostaje wymieniony na osobę wyglądającą całkowicie inaczej. Niebywałe, a jednak: większość przechodniów nie zauważa, że nagle stoi przed nimi zupełnie inny człowiek – jedynie dlatego, że przez ułamek sekundy ich uwaga została rozproszona niesioną paczką. Programy telewizyjne w stylu „ukryta kamera", żartujące sobie z ludzi, regularnie wykorzystują ślepotę na zmianę, podobnie, jak magicy na scenie.

JESTEŚ TAKA PIĘKNA, JAK PIERWSZEGO DNIA.

Ślepota na zmianę pojawia się także wtedy, kiedy wprawdzie nic nas nie rozproszy, ale zmiana zachodzi bardzo powoli i ukradkiem. I tak na przykład osoby badane siedzące przez monitorem nie zauważają, kiedy na obrazku stopniowo zmienia się kolor drzewa czy domu.

Ślepota na zmianę zadziwia nie tylko swoimi skutkami – także możliwe przyczyny mogą w najprawdziwszym tego słowa znaczeniu postawić pod znakiem zapytania nasz świato(p)ogląd. Przez długi czas zakładano, że magazynujemy w naszej głowie obraz otaczającego nas świata jako stabilne wrażenie wzrokowe. Ale jeżeli nie jesteśmy w stanie zauważyć nawet najbardziej jaskrawych zmian w scenie czy obrazie, to można uznać, że wcale nie magazynujemy w naszej głowie żadnych obrazów naszego otoczenia! Niewykluczone, że nasz mózg wymazuje obrazy, kiedy tylko nasza uwaga zostanie od nich odciągnięta, nawet na krótką chwilę – podobnie jak wtedy, gdy resetujemy nasz komputer do ustawień wyjściowych – a to wszystko za sprawą głupiego mrugnięcia! A to z kolei potwierdzałoby, że nie jesteśmy w stanie postrzegać naszego środowiska w sposób ciągły, lecz z każdym mrugnięciem oczu musimy dopiero stworzyć całkiem nowy obraz. Najwyraźniej ślepota na zmianę dotyczy tylko przelotnego *optycznego* wrażenia, gdyż sytuacje i struktury działania zapisujemy całkiem sprawnie w postaci „schematów" (zob. s. 25). Co oznacza, że to, co na podstawie obrazów traktujemy jako spójną scenę, byłoby jedynie złudzeniem. Błądzimy w ciemnościach, każdorazowo od nowa odnajdując punkty orientacyjne...

43. GDZIE STAŁEŚ W CHWILI, W KTÓREJ NAGLE STANĄŁ ŚWIAT? JESTEŚ *PEWIEN*?

Czego może nas nauczyć wywodzące się
z badań nad pamięcią „wspomnienie fleszowe".

John Lennon – 1980, Challenger – 1986, upadek muru berlińskiego
– 1989, Stany Zjednoczone – 9.11.2001, Fukushima – 2011...
Takie zdarzenia pamiętasz, jakby to było wczoraj: gdzie dokładnie
i w jakich okolicznościach dowiedziałeś się o – w najprawdziwszym
tego słowa znaczeniu – zdarzeniach poruszających świat, kto
przekazał ci informacje, co właśnie robiłeś...
Ale właściwie jak *dokładne* są twoje wspomnienia?
Szczególną charakterystyką tzw. wspomnień fleszowych – zdarzeń
niespodziewanych i historycznych – są bardzo rozbudowane, żywe
i szczegółowe obrazy w naszych głowach – co się dokładnie stało
i dokładnie w jakich okolicznościach się o tym dowiedzieliśmy. Zjawisko jest badane od roku 1977, między innymi przez słynnych
amerykańskich psychologów Browna i Kulika, w kontekście
wspomnień o zamachu na Kennedy'ego w 1963 roku.

Naukowo udowodniono: wspomnienia fleszowe są magazynowane
dwojako – po pierwsze jako samo zdarzenie, w tzw. pamięci deklara-
tywnej, po drugie jako „wiedza autobiograficzna". Ponieważ sytuacje,

o których tu mówimy, są szczególnie emocjonalne, nasz mózg oferuje nam ekstra usługę – specyficzną formę zapamiętywania i wydobywania informacji z pamięci.

I właśnie w tym miejscu kończy się zgodność między badaczami, gdyż wielokrotnie obserwowane błędy w zapamiętywaniu i utrata wspomnień rozgrzewają naukową debatę wciąż na nowo. I tak na przykład były prezydent Stanów Zjednoczonych, George W. Bush, „pamięta" pokazywane przez stacje telewizyjne obrazy zapadających się bliźniaczych wież z 11 września 2001 roku – które jednak w tym czasie nie były jeszcze emitowane (co oczywiście jest pożywką dla wszelkich spekulacji).

Ogólnie nauka zakłada, że dokładność wspomnień spada w ciągu pierwszych trzech miesięcy od zdarzenia, by ustabilizować się po około dwunastu miesiącach.

Ponadto aktualne wyniki badań sugerują, że *między* ludźmi występują ogromne różnice w zakresie pamięci. I mają one związek z tym, na ile dane zdarzenie wiąże się z emocjami pozytywnymi lub negatywnymi. Na przykład ci, którzy mieli pozytywne nastawienie do upadku muru berlińskiego, pamiętają raczej okoliczności towarzyszące, obrazy, nastrój. Natomiast ci, dla których było to zdarzenie negatywne, pamiętają raczej daty i fakty.

Jak powstają takie różnice w przetwarzaniu i odtwarzaniu?

W odniesieniu do zdarzeń radosnych nie musimy rozwiązywać problemów, więc nasz mózg nie zawraca sobie głowy tymi wszystkimi (zbędnymi) datami, szczegółami i faktami.

Co się zaś tyczy zdarzeń negatywnych, warto naprawdę poświęcić całą naszą uwagę wszelkim szczegółom, gruntownie je przeanalizować i aż do bólu usystematyzować. Dzieje się tak, ponieważ zdarzenia negatywne odbieramy jako zagrożenie, które chcemy w przyszłości rozpoznać i którego przede wszystkim chcemy uniknąć. Powody takiego stanu można uzasadnić naszą prehistorią: kto podczas polowania spotkał tygrysa szablozębnego, postępował rozsądnie, zapamiętując wszystko bardzo, ale to bardzo dokładnie, by na przyszłość omijać niebezpieczne miejsce szerokim łukiem. Jednocześnie warto nie przetwarzać okoliczności i związanych z tym uczuć lęku i strachu zbyt intensywnie, by nie ograniczać w ten sposób niepotrzebnie swojej sprawności. Sprawność może być nam bowiem w takiej sytuacji całkiem potrzebna.

Odwrotny problem widzimy u osób cierpiących na zespół stresu pourazowego (PTSD): kiedy zdarzenia wywołujące negatywne odczucia są intensywnie i emocjonalnie pamiętane, upośledza to nie tylko zdolność do pracy, lecz także całkowitą jakość życia. Wspomnienia pozytywnych uczuć powodują powstanie pozytywnego nastawienia i poprawiają samopoczucie. A ponieważ było tak pięknie, chętnie przypominamy sobie zdarzenie wywołujące dobre emocje. Rozmawiamy o nim z wieloma osobami i zupełnie przypadkiem i nieświadomie dołączamy później jeden czy drugi szczegół „wspomnienia".

Nasz mózg, postępując w tak zróżnicowany sposób, dowodzi więc swojej ogromnej mądrości: „Lepiej teraz zapamiętać fakty, czy jed-

nak uczucia?". W mądrym mózgu za dokonywanie tego rozróżnienia odpowiada obszar o egzotycznej nazwie ciało migdałowate. Ciało migdałowate analizuje możliwe zagrożenia i wysyca zdarzenia emocjami.

I dokładnie to otwiera drogę pamięciowym artefaktom i zafałszowaniom: w zależności od sposobu relacjonowania w mediach i towarzyszącemu zalewowi obrazów możemy czasem później nie bardzo pamiętać, kto, kiedy, co i gdzie widział i przeżył, a wstępne wspomnienia mogą zostać zniekształcone. Nie wiemy nic dokładnie. Ale mamy przynajmniej mgliste wyjaśnienie błędnych wspomnień George'a W. Busha, którego pierwotne wspomnienia mogły pomieszać się z później widzianymi obrazami. I mglistą nadzieję na mgliste prawdopodobieństwo, że jednak nie maczał palców w zamachach, jak przypuszczają niektórzy zwolennicy teorii spiskowych...

44. DLACZEGO KOBIETY *NAPRAWDĘ* NIE UMIEJĄ PARKOWAĆ, A FACECI *NAPRAWDĘ* NIE POTRAFIĄ SŁUCHAĆ

Jak uprzedzenia kierują twoim zachowaniem, a ty uprzedzeniami.

Złap koleżankę albo przyjaciela i rozegrajcie partyjkę Uprzedzeniowego Bingo! Poniżej znajdziesz kilka powszechnych społecznych uprzedzeń – dopasuj po dwa z nich do „właściwej" grupy społecznej. Kto pierwszy wypełni wszystkie linijki, wygrywa. I start!

A oto stwierdzenia:

„emocjonalny", „leniwy", „oderwany od rzeczywistości", „głodny władzy", „agresywny", „kontaktowy", „analityczny", „źle wykształcony".

A oto grupy:

Mężczyźni

_____

_____

Kobiety

_____

_____

Politycy

_____

_____

A może założymy się? Niewielu ludzi ma poważne problemy z przyporządkowaniem obiegowych społecznych uprzedzeń „właściwej" grupie. Ci sami zaś ludzie, którzy bez problemu przypiszą przymiotniki do wybranych grup, zdecydowanie odsuną od siebie myśl, że sami kierują się uprzedzeniami.

Ale co to właściwie znaczy: „mieć" uprzedzenia lub ich „nie mieć"? Jak powstają, jak zanikają?

Fakt, że większość z nas *zna* podane wyżej stereotypy, pokazuje, że uprzedzenia przynajmniej istnieją w naszych głowach. Jeśli ktoś powie: „Nie mam uprzedzeń", nie może już mieć na myśli: „Uprzedzenia nie istnieją w mojej głowie". Praktycznie wszyscy mamy w swoich głowach powszechnie utarte uprzedzenia.

Jak tam trafiają?

Niektórzy badacze wychodzą z założenia, że określone podstawowe nastawienia są wrodzone. Nie udało się tego potwierdzić, ale jedno jest jasne: niewiarygodnie szybko „uczymy" się stereotypów od naszego otoczenia.

Już małe dzieci są na nie wyjątkowo podatne: w klasycznym eksperymencie mająca już status legendy amerykańska nauczycielka Jane Elliot dzieli swoją trzecią klasę na dwie grupy – dzieci niebiesko- i brązowookie. Obie grupy informuje, że dzieci niebieskookie są lepsze. Skutek: dzieci radykalnie zmieniają swoje zachowanie. Odtąd niebieskoocy unikają brązowookich, przezywają ich i „karzą", bo przecież są gorsi. I faktycznie pogarszają się też szkolne osiągnięcia dzieci z brązowymi oczami. Następnego dnia nauczycielka mówi, że to jednak dzieci brązowookie są „lepsze". I nagle wszystko się odwraca; teraz szykanowani są niebieskoocy.

Eksperyment nie tylko pokazuje, jak łatwo można sprawić, byśmy zaczęli innych traktować z wrogością tylko dlatego, że ktoś nam mówi: oni są gorsi. Także grupa, której dotyczą uprzedzenia, nagle zaczyna inaczej o sobie myśleć. U dotkniętej grupy pojawia się lęk „wdepnięcia" w uprzedzenia. Ten lęk dodatkowo obciąża i często prowadzi do tego, że uprzedzenie najwyraźniej się „potwierdza" – znów spotykamy się z samospełniającą się przepowiednią z rozdziału „Możesz kierować światem za pomocą własnych myśli" (s. 41). Zjawisko to zna każdy mężczyzna, który musiał kiedyś przed grupą kobiet pokroić tort w ładne kawałki (teoretycznie do zrobienia), i każda kobieta, którą spotkała wątpliwa przyjemność parkowania na oczach grupy mężczyzn (teoretycznie także wykonalne).

Uprzedzenia mogą mieć więc tragiczne skutki – a w naszych głowach mamy je prawie wszyscy, bo, najwyraźniej, bardzo łatwo tam trafiają. Uprzedzenia w naszych umysłach są „schematami" – o co w tym chodzi, wiesz już z rozdziału „Jak do jęku dochodzi żądza – albo ból": schemat może się bardzo łatwo uaktywnić, po czym nieświadomie oddziaływać (s. 25).

Tak samo łatwo dzieje się to w odniesieniu do naszych uprzedzeń: w eksperymencie osoby badane stawia się w sytuacjach, w których znajdujący się w pobliżu pomocnik eksperymentatora „przypadkowo" mamrocze jakieś uprzedzenia. Już to wystarcza, by osoby badane później gorzej oceniały grupę, której dotyczyły komentarze. Tak łatwo zaktywizować schemat – a wraz z nim uprzedzenie, które sobie w nas drzemie.

Co mamy więc na myśli, mówiąc, że nie „mamy" uprzedzeń? Kiedy schemat stanie się aktywny, myślimy automatycznie. Jeżeli nie chcemy „mieć" uprzedzeń, musimy w tym momencie wyłączyć myślenie automatyczne i w jego miejsce zacząć myśleć świadomie.

Tylko myśląc świadomie, jesteśmy w stanie stłumić schemat, kiedy ten już się uaktywnił.

A świadome myślenie wymaga energii i koncentracji! Jeżeli jesteśmy na przykład zestresowani, świadome myślenie nie zawsze może się przebić. Kiedy jesteśmy zdekoncentrowani, sfrustrowani, zmęczeni, uprzedzenia ujawniają się z łatwością, której nigdy byśmy nie uznali za możliwą. Liczne eksperymenty to potwierdzają: nagle biali uczniowie krzywdzą swoich ciemnoskórych kolegów, mężczyźni wymyślają swoim koleżankom w pracy, heteroseksualiści odnoszą się po chamsku wobec swoich homoseksualnych sąsiadów – i są to dokładnie ci sami ludzie, którzy właściwie „nie mają" żadnych uprzedzeń, jeśli zadamy im to pytanie, kiedy są spokojni.

Ponadto nasz umysłowy system operacyjny jest ogólnie oszczędny. Nieustannie szuka powodów, by unikać świadomego myślenia i włączać autopilota. Kiedy pojawia się stereotyp, nasz poznawczy, umysłowy system operacyjny zawsze najpierw pyta: czy muszę to w ogóle stłumić – a może jednak istnieją dobre powody, by proces przebiegał automatycznie? Jeżeli znajdziemy najmniejsze nawet uzasadnienie dla naszego uprzedzenia, nie ma już żadnego powodu, by je stłumić! Po prostu możemy iść według schematu, oszczędzać energię, a wszystko to bez wyrzutów sumienia. Jeżeli na przykład wkurzałaś się dziś w pracy na przemądrzałego kolegę, masz już uzasadnienie dla myśli „Mężczyźni są po prostu agresywnymi macho". I już nie musimy tej myśli tłumić! I właśnie oszczędziliśmy trochę energii poznawczej.

Czy w takim razie jesteśmy w ogóle w stanie przezwyciężyć uprzedzenia i stereotypy? Tak, jest na to sprawdzony sposób: możliwie intensywny, osobisty kontakt między grupami, przy czym grupy muszą wzajemnie od siebie zależeć i realizować wspólny cel. W szkole nazwano to metodą *Jigsaw-Classroom* (ang. *jigsaw* – układanka), a wymyślił ją słynny amerykański psycholog społeczny Elliot Aronson: różnym grupom przydzielamy materiał, którego należy się nauczyć, przy czym każda grupa, by mogła zrealizować swój cel, zdana jest na to, by inna grupa wyjaśniła jej jedno zagadnienie. Im bardziej poszczególne elementy układanki się ze sobą zazębiają, w tym większym stopniu znikają uprzedzenia.

Czego możemy się z tej lekcji nauczyć dla naszego życia poza szkołą? Powinniśmy ostrożnie obchodzić się ze zdaniem: „Ja nie mam uprzedzeń" – i w zamian wiedzieć, że *wszyscy* mamy ich całe mnóstwo, przynajmniej w głowie. Potem możemy się ich wystrzegać i szczególnie uważać, by nie wylazły na wierzch, kiedy jesteśmy zestresowani albo kiedy udało nam się znaleźć racjonalne uzasadnienie. I, w końcu, wszyscy możemy wykorzystywać metodę *Jigsaw* i pracować nad tym, by nasze społeczeństwo stało się wspólną układanką.

45. „KOCHANIE, MUSIMY POROZMAWIAĆ!" DLACZEGO KOBIETY SĄDZĄ, ŻE MĘŻCZYŹNI ZAWSZE CHCĄ TEGO JEDNEGO

Jak możesz wykorzystać model nadawca–odbiorca z psychologii komunikacji do kształtowania satysfakcjonujących relacji.

Jak to wygląda u ciebie w domu?

Historia komunikacji między mężczyzną i kobietą jest historią pełną nieporozumień – nierzadko brzemiennych w skutki. Jeżeli chcemy zrozumieć dlaczego, pomocny będzie rzut okiem na tzw. kwadrat komunikacyjny. Koncepcję rozwinął słynny badacz komunikacji i konfliktu Friedemann Schulz von Thun, aby wyjaśniać tego typu sytuacje.

Wychodzi on z założenia, że każda wiadomość ma cztery płaszczyzny: płaszczyznę rzeczową (faktów), apelującą, relacyjną i ujawniającą siebie.

Aby to wyjaśnić, posłużmy się następującą scenką: żona i mąż leżą w łóżku, ona głaszcze go po ramieniu, a on mówi: „Kochanie, boli mnie głowa".

Co można usłyszeć w tej wypowiedzi?

(1) Na płaszczyźnie rzeczowej ujawniane są dane i fakty: „Nie boli mnie brzuch ani plecy – boli mnie głowa".

(2) Na płaszczyźnie apelującej komunikowany jest cel, który osoba mówiąca chce osiągnąć: „Zostaw mnie w spokoju!" albo „Proszę pociesz mnie!".

(3) Na płaszczyźnie relacyjnej przekazywane są komunikaty dotyczące jakości wzajemnej więzi, na przykład: „Uważam, że nasze małżeństwo się rozpadło...".

(4) Na płaszczyźnie ujawniającej siebie dochodzi do wyrażenia własnego samopoczucia: „W tej chwili nie czuję się najlepiej".

Właściwie żadna czarna magia. Ale to, co teoretycznie da się sprowadzić do powyższych czterech punktów, może w praktyce narosnąć do sporego problemu. Bo przecież nie mamy do czynienia wyłącznie z nadawcą, który za pomocą jednego z tych czterech „dziobów" przekazuje swoją wiadomość. Mamy także do czynienia z przynajmniej jednym odbiorcą, który również ma możliwość słuchania jednym z tych czterech „uszu". Krótko mówiąc, to, co jest wysyłane jednym z tych kanałów, jest odbierane na innym. Wynika to z tego, że wiele procesów komunikacyjnych przebiega nieświadomie – sami często nie mamy jasności, którym „dziobem" ćwierkamy bądź którym „uchem" słuchamy.

Jeżeli jednak chcesz cały ten bałagan widzieć w pozytywnym świetle – a temat „reframingu" (zob. s. 12) już omówiliśmy – to ta wielość możliwych interpretacji naszego wspólnego życia może prowadzić do licznych sytuacji podatnych na zakłócenia, nieporozumień i napięć. A to wszystko powoduje, że jednocześnie sprawy stają się interesujące!

I widzimy, że problematyka dzioba i ucha nie jest z konieczności tematem między kobietą i mężczyzną, nawet jeżeli kobiety zazwyczaj pląsają po płaszczyźnie relacyjnej, a mężczyźni człapią po faktach. Ale jak może być inaczej, zilustrowaliśmy na wstępie – gospodyni na płaszczyźnie faktów nie proponuje wody czy kakao, ale kawę lub herbatę. Jej gość zaś, nadstawiając ucho relacyjne, słyszy „Lecę na ciebie!" i na płaszczyźnie faktów jasno odpowiada, że nie jest spragniony płynów konsumpcyjnych, ale chętnie wymieni płyny ustrojowe. Komunikacja może być taka prosta.

PS: W sytuacjach wątpliwych sprawdzają się pytania dodatkowe w stylu: „Mówi pani «kawa, herbata?» – co dokładnie ma pani na myśli?".

46. DLACZEGO W PROBLEMACH MAŁŻEŃSKICH PROBLEM TKWI W ŚRODKU (ALBO: NIC JUŻ NIE TKWI W ŚRODKU, I W TYM PROBLEM)

Wiedza z obszaru terapii par
i terapii seksuologicznej ponownie pozwolą
wam osiągnąć szczyty.

Jeżeli byłaś lub wciąż jesteś w stosunkowo długotrwałym związku, to najprawdopodobniej znany jest ci następujący rozwój wypadków: od pewnego momentu nie jest już tak różowo, najpierw na płaszczyźnie relacji, a później także w łóżku.
I tak się wszystko kumuluje, aż staje właśnie w punkcie, w którym *ona* odmawia spełniania „obowiązków małżeńskich", a *on* ich żąda – i wszystko zaczyna się obracać już tylko wokół dylematu wyrosłego na bazie pierwotnego problemu.

W najgorszym razie koniec wygląda tak – sprawozdanie oparte na faktach: po 13 latach łóżkowa frustracja bierze górę, mąż składa papiery rozwodowe, małżeństwo zostaje rozwiązane ze względu na odmowę pożycia, co jest równoznaczne z okrucieństwem, ponieważ mąż doświadcza „poważnego psychicznego cierpienia". Tak zadecydował Sąd Najwyższy w 2007 roku w stolicy Indii New Delhi.

Oczywiście chcemy uniknąć takiego nieciekawego rozwoju wypadków, a to nawet nie jest takie trudne – trzeba tylko wiedzieć, jak to zrobić. Za cały bigos odpowiada właściwie bardzo prosty mechanizm, często niestety niedoceniany i bagatelizowany.

Po pierwsze: kobieta godzi się na fizyczną bliskość i się nią rozkoszuje, kiedy spełniony jest warunek bliskości emocjonalnej. Jeżeli między partnerami jest jakiś problem, konflikt czy wręcz kłótnia, to teoretycznie należy wszystko tak długo rozplątywać i roztrząsać, aż na płaszczyźnie międzyludzkiej, emocjonalnej, znowu wszystko gra. I to jest dobrze znane facetom: te bezkresne noce, kiedy trzeba gadać, gadać, gadać... aż przechodzi ochota.

Po drugie: mężczyzna działa dokładnie odwrotnie. Dopiero wtedy jest gotowy i zdolny do wyjaśniania kwestii na płaszczyźnie uczuciowej, kiedy wie, że może liczyć „na coś więcej". On potrzebuje bliskości seksualnej, by za jej pośrednictwem i opierając się na niej rozmawiać o relacji i nawiązać bliskość na płaszczyźnie międzyludzkiej*.

To błędne koło może doprowadzić związek, małżeństwo, do rozpadu – jeżeli przynajmniej jeden z partnerów nie będzie gotowy, by ten mechanizm zrozumieć i wspólnie wypracować rozwiązanie.

Przyjrzyj się temu po prostu z nowej perspektywy konfliktu (zob. „Dlaczego konflikty są nam potrzebne jak powietrze", s. 133): zgrzyta na poziomie stanowiska: on chce, ona nie. Na głębszej płaszczyźnie potrzeb sprawy wyglądają już dużo lepiej i jest przestrzeń do kompromisu: oboje pragną bliskości – on fizycznej, ona psychicznej. Tak oto, pomimo wszelkich rozbieżności, istnieje coś, co łączy, co można wykorzystać. Oboje mają bowiem możliwość zaspokojenia swojej potrzeby. Przesuniętej w czasie. Pytanie brzmi: „Czy ten, kto ustąpi, jest mądrzejszy czy mądrzejsza?". Wszak, z reguły, oboje uważają się za tych rozsądniejszych. A może na zmianę? Dziś najpierw

---

* O ile wcześniej nie zaśnie... (kolejny złośliwy przypis tłumaczki, wynikający z asymetrii w opisach, będącej odzwierciedleniem egocentryzmu Autorów skupiających się na męskiej perspektywie).

rozmowa, a potem kontakt fizyczny. Jutro najpierw seks na zgodę, a potem reszta nocy przegadana.

Wyposażeni w taką ilość wiedzy na pewno będziecie w stanie znaleźć kompromisowe rozwiązanie waszych „stosunków".

47. CO ŁĄCZY JAZDĘ WINDĄ Z BÓJKAMI WŚRÓD KANGURÓW

Jak możesz na co dzień skorzystać
z obserwowanego wśród zwierząt zjawiska
ujednolicania spostrzegania otoczenia.

Sssss – winda się zamyka, ping – piętro wybrane i szszszsz – jedziemy. Ciasno, duszno. Stoimy na baczność w rządku jak ołowiane żołnierzyki, jak jeden mąż wlepiając wzrok w drzwi. Gapimy się na potylice, potylice, potylice...

Jak to możliwe, że dokładnie taka sama scena rozgrywa się w każdej windzie, w każdym miejscu na świecie, o każdej godzinie i z udziałem najróżniejszych ludzi?

I czego może nas to nauczyć o życiu poza windą?

Aby odpowiedzieć na to pytanie, sięgnijmy do etologii, dziedziny zajmującej się porównywaniem zachowań między ludźmi i zwierzętami: w Australii bowiem można wspaniale obserwować, jak kangury nagle i niespodziewanie, ni stąd ni zowąd, wszczynają niesamowite bójki i wzajemnie się nokautują. By za chwilę, jak za sprawą czarodziejskiej różdżki – całkowicie się uspokoić, milcząco zająć miejsce w rządku i patrzeć w tym samym kierunku co inni, jakby nigdy nic.

Psycholodzy zwierzęcy mają następujące wyjaśnienie tego pociesznego zachowania: kangury uspokajają się przez ujednolicenie swojego spostrzegania środowiska i wyłączają w ten sposób spostrzeganie społeczne. Siedzą w rządku, patrzą w jednym kierunku, a nie na siebie, i nie muszą się w związku z tym sobą nawzajem denerwować, pozwalając tym samym, by powrócił spokój...

I dokładnie ten sam mechanizm pojawia się u ludzi stłoczonych na niewielkiej przestrzeni. Windy są wszak miejscami, w których nasze własne granice prywatnej przestrzeni i napływających bodźców są gwałtownie przekraczane. Normalnie potrzebujemy około osiemdziesięciu centymetrów dzielących nas od obcych osobników, by sytuacja jeszcze była przez nas odbierana jako komfortowa. Inaczej pojawia się dyskomfort oraz agresja.

Co pomaga? Najczęściej nie możemy zrezygnować z windy – a więc trzeba dopasować nasze zachowanie do sytuacji. Robimy więc to, co kangury: ujednolicamy nasze spostrzeganie, skupiając się na drzwiach, i unikamy bezpośredniego kontaktu, koncentrując się wzajemnie na własnych potylicach. W ten sposób nie narażamy się na ryzyko wysyłania bodźców do osobników naszego gatunku ani ich odbierania. Nie mamy powodu, by się denerwować.

Wypróbuj to kiedyś i postąp odwrotnie: zachowaj się inaczej niż większość i patrz pasażerom windy figlarnie w twarze. Obserwuj reakcje i poczuj, jak zmienia się atmosfera. (Mała rada na marginesie: gdyby miało zrobić się gorąco, w nagłej potrzebie wykorzystaj wykształcony ewolucyjnie nerwowy uśmieszek: odsłoń górne zęby, jednak bez układania ust tak, jakbyś miał ugryźć. Rozluźnij sytuację takimi obronnymi przeprosinami połączonymi z przyjaznym apelem. Młode małpy pokazują nam, jak to robić...).

Zasada „wspólnej koncentracji na czymś postronnym, by nie wywołać konfliktu" działa także poza windą i kontaktem wzrokowym. W rozdziale „Dlaczego kobiety *naprawdę* nie umieją parkować, a faceci *naprawdę* nie potrafią słuchać" (s. 179) widzieliśmy na

przykład, że wrogo do siebie nastawione grupy dają się pogodzić, kiedy skupi się ich uwagę na wspólnym, zewnętrznym celu. W ten sposób osoby zaangażowane nie skupiają się już tak bardzo na tym, że przekraczają swoje wzajemne „progi pobudzenia" i powinny się w związku z tym pokłócić. Ponadto działa zasada podobieństwa (zob. s. 118): podobieństwa i wspólnota sprawiają, że ludzie wydają się sobie sympatyczniejsi. I może to być zarówno wspólne patrzenie na drzwi windy, jak i skupienie na jakimkolwiek innym wspólnym celu. Już więc takie małe sztuczki mogą pomóc, kiedy chcesz uspokoić atmosferę zbliżającą się do punktu wrzenia.

48. JESTEŚ TAK OBCIACHOWY, JAK PRZYPUSZCZASZ?

„Zjawisko światła rampy" z psychologii osobowości sprawi, że się odprężysz – jeśli je poznasz.

Na luźnej imprezie twojego najlepszego przyjaciela: „Przyniosę nam coś do picia", ogłaszasz pewny siebie w grupie, w której właśnie stoisz. Parę minut później wracasz załadowany – dwa kieliszki prosecco, dwa piwa i białe wino, które elegancko wetknąłeś sobie pod lewą pachę. Niestety nie zauważasz serwety, która najwyraźniej spadła ze stołu i leży teraz szyderczo na ziemi wprost przed tobą. Początkowo suniesz z wdziękiem łabędzia, acz nieuchronnie, prawą nogą do przodu. W trakcie figury tracisz nieco gracji i w ostatniej chwili udaje ci się złapać równowagę chwytając o kant stołu. Napoje roztrzaskują się z hukiem o ziemię.

Co teraz myślisz?

❑ „Czy coś się stało?"

❑ „Najchętniej natychmiast zapadłbym się pod ziemię. Przecież teraz nie mogę się już tym ludziom na oczy pokazać!"

❑ „Nic wielkiego. Za pięć minut już nikt nie będzie o niczym pamiętał".

Jeżeli zaliczasz się do wyjątkowo wyluzowanych osobników, nie tylko pomyślisz „Czy coś się stało?", lecz nawet głośno zadasz to pytanie zgromadzonym. Niemniej zdecydowana większość ludzi ma w takiej sytuacji raczej ochotę „zapaść się pod ziemię".

Teraz czas na naprawdę ciekawe pytanie: jak taką sytuację spostrzegają inni? Czy także uważają, że nie powinieneś się im więcej pokazywać? Nauka mówi: większość ludzi w pobliżu – jeśli w ogóle – tylko na chwilę spojrzała, co się dzieje, niewiele sobie przy tym myśląc.

Z założenia przeceniamy uwagę, którą zwracają na nas inni, i to wręcz nieprawdopodobnie. Naukowo nazywamy to „zjawiskiem światła rampy" – sądzimy, że zdecydowanie bardziej stoimy w świetle reflektorów, niż to się dzieje w rzeczywistości.

„Zjawisko światła rampy" zostało wielokrotnie wykazane i to w robiący wrażenie sposób: na przykład ubiera się studentów w koszulki, które oni sami uważają za „obciachowe", choćby z jakimś wykonawcą, którego słuchanie w ich kręgu uchodzi za kompromitację (w eksperymencie był to Barry Manilow...). Potem studenci są pytani, ilu obserwatorów zwróciło uwagę na „kompromitującą" koszulkę. Pytani są także obserwatorzy, po czym uzyskane dane są ze sobą zestawiane. Wynik: liczba obserwatorów, którzy w ogóle pamiętają koszulkę, wynosi ledwie połowę tego, co zakładają studenci ją noszący! Inne układy eksperymentalne dają bardzo podobne wyniki. Przykładowo także uczestnicy dyskusji sądzą, że ich niezbyt błyskotliwa wypowiedź wryła się innym w pamięć znacznie mocniej niż się to faktycznie stało.

„Zjawisko światła rampy" wiąże się z egocentryzmem, który już poznaliśmy (s. 61). Sami oczywiście bardzo wyraźnie spostrzegamy wszystko, co robimy – i na tej podstawie wnioskujemy, że także inni obserwują nas tak wnikliwie. Zapominamy przy tym – jak prawie zawsze – o zmianie perspektywy i o tym, by przez sekundę wejść w myślach w rolę innego człowieka. Gdybyśmy to zrobili, stałoby się dla nas jasne, że inni obserwują równie wnikliwie, jak my – ale nie nas, a siebie! Dzieje się tak dlatego, że i oni zmagają się z własnym

egocentryzmem. I tak oto nie tylko na imprezach, ale w życiu w ogóle przemykamy obok siebie z trwożnym pytaniem: „Co też inni sobie o mnie pomyślą?". A inni myślą tylko: „Co też inni sobie o mnie pomyślą?". „Zjawisko światła rampy" nie dotyczy jedynie sytuacji krępujących.

Także w chwilach własnej chwały sądzimy, że inni dostrzegają nas znacznie bardziej, niż dzieje się to faktycznie: kiedy podczas dyskusji powiemy coś wielce mądrego, kiedy w domu wyniesiemy czasem śmieci albo kiedy w biurze wniesiemy poważny wkład do projektu. Także w takich chwilach czujemy na sobie światło reflektorów dużo mocniej, niż wynikałoby to z jego obiektywnej siły. Kiedy później zauważamy, że nasze wspaniałe dokonania zostały dostrzeżone jedynie na marginesie albo wcale, szybko odczuwamy rozczarowanie. Przede wszystkim podczas pracy (domowej) często kończy się to frustracją: „Nikt w ogóle nie zauważa tego, co robię".

Uświadomienie sobie, że inni zwracają na nas znacznie mniejszą uwagę, niż sami sądzimy, jest więc gorzkie i satysfakcjonujące równocześnie. Kiedy znasz już zjawisko światła rampy i przywołujesz je czasami do świadomości, pomaga ci to w dwójnasób: po pierwsze rzadko kiedy coś jeszcze wyda ci się twoją osobistą kompromitacją – kiedy wiesz, że inni zdecydowanie za bardzo zajmują się sobą, by cię w ogóle dostrzec. A po drugie nie oczekuj więcej, że cały świat, jak zaklęta publiczność w pierwszym rzędzie, będzie wpatrywał się w twoje osiągnięcia. A to uchroni cię przed rozczarowaniem – jak wszystkie realistyczne oczekiwania.

49. CO CZEKOLADA MÓWI O TWOIM ŻYCIU

Kontrola impulsu pozwala odnosić sukcesy
i można się jej nauczyć.

Załóżmy, że ktoś kładzie ci przed nosem kawałek czekolady i daje ci
wybór: albo weźmiesz teraz ten jeden kawałek i możesz go sobie
zatrzymać, albo poczekasz do jutra i dostaniesz za to dwa kawałki
czekolady. Jaką podejmiesz decyzję?
(Dla facetów: ponownie możecie zamienić czekoladę na stek).

Coś, co może ci się wydać banalną dziecięcą zabawą, może powiedzieć
więcej o twojej życiowej drodze, niż wydaje ci się to możliwe – i to
zarówno o twojej przeszłości, jak i o przyszłości.

Pytanie o czekoladę odnosi się bowiem do słynnego eksperymentu przeprowadzonego z udziałem dzieci przez psychologa Wal-
tera Mischela w latach sześćdziesiątych. Położył przed nimi paczkę
cukierków (Marshmallows) i dał wybór: albo od razu wezmą sobie
jeden cukierek z pudełka, albo poczekają parę minut i dostaną dwa.
Niektóre dzieci od razu sięgały po słodycz. Inne nieprawdopodobnie starały się nie ulec natychmiastowej pokusie i zarobić dodatkowego cukierka – odwracały wzrok, przesłaniały sobie oczy dłońmi
lub jeszcze inaczej odwracały uwagę.

Do tego momentu nie wydarzyło się jeszcze nic ciekawego; było
oczywiste, że dzieci będą reagować różnorodnie.

Zaskoczenie pojawia się 14 lat później. Mischel odszukuje dzieci, które uczestniczyły w badaniu. Bada ich sukcesy i zadowolenie jako młodych dorosłych. Wynik jest jednoznaczny: kto wtedy był w stanie zaczekać na drugiego cukierka, odnosi dziś więcej sukcesów w szkole i na studiach, lepiej znosi stres i ogólnie jest bardziej pewny siebie, towarzyski i zrównoważony. Kto zaś natychmiast chwycił cukierka, odnosi dziś znacznie mniej sukcesów; ludzie z otoczenia określają go jako raczej sfrustrowanego i zawistnego.

Umiejętność zrezygnowania z natychmiastowego zaspokojenia pragnienia nazywamy „odraczaniem gratyfikacji" lub „kontrolą impulsu". Słynne badanie Mischela obrazowo pokazuje: im bardziej mamy nasze impulsy pod kontrolą i im bardziej jesteśmy w stanie poczekać na nagrodę, tym większe prawdopodobieństwo, że odnosimy sukcesy zawodowe i towarzyskie. Takie to proste.

Zależności też są zrozumiałe: nie tylko zawodowo, lecz także w życiu prywatnym na naszej drodze życiowej zmagamy się z mnóstwem przeszkód. Nie zawsze inni ludzie witają nas z otwartymi ramionami, dając od razu wszystko, czego chcemy. Regularnie doświadczamy też odmowy. Sukces odnosi ostatecznie ktoś, kto wciąż na nowo podejmuje wystarczająco dużo prób. A o to tym łatwiej, im le-

JEŻELI POCZEKASZ DO JUTRA, ZROBIMY BLIŹNIAKI.

RABE

piej potrafimy emocjonalnie poradzić sobie z sytuacją, w której nie dostajemy od razu tego, czego chcemy. Ktoś, kogo takie porażki obciążają w mniejszym stopniu, jest nie tylko bardziej wytrwały, lecz także ogólnie cieszy się lepszym humorem i większym zadowoleniem – mimo niepowodzeń. Nazywamy to „tolerancją frustracji". I właśnie tę właściwość można sprawdzić już na wczesnych etapach życia, stawiając dzieci przed testem cukierków. Czy więc dla tych, którzy od razu złapali(by) jeden cukierek, jest już za późno? Nie, na szczęście nie! Kontrolę impulsu można ćwiczyć. Zwróć uwagę, czy kiedy myślisz o tych nowych butach albo nowym modelu telefonu, to musisz koniecznie *jeszcze dziś* biec do sklepu? Czy też zapisujesz to sobie na liście zakupowej na następny raz, kiedy i tak będziesz jechać do centrum handlowego? Czy w sytuacji, w której *w tej chwili* chcesz buziaka od partnera, a on akurat jest czymś zajęty i mówi „Kochanie, nie teraz" – jesteś zła przez resztę wieczoru? A może w zamian mówisz sobie: „Później pocałunek będzie tak samo miły, a może wtedy na jednym się nie skończy".

Jeżeli raczej skłaniasz się ku odpowiedziom podanym jako pierwsze, sam sobie wyświadczysz przysługę, ćwicząc się w cnocie cierpliwości. Nigdy bowiem nie chodzi o telefon czy pocałunek: chodzi o jedną z kluczowych zdolności w twoim życiu. A jeżeli masz małe dzieci, jedną z lepszych inwestycji w ich przyszłe życie, jaką możesz dziś poczynić, będzie niespełnianie każdej ich zachcianki teraz i natychmiast.

50. CZY KOBIETY SĄ LEPSZĄ WERSJĄ MĘŻCZYZN?

Kiedy wielozadaniowość jest skuteczna
i zdrowa (a przede wszystkim: kiedy nie jest)?

Jak myślisz, kto potrafi lepiej prasować, rozmawiać przez telefon, robić sobie herbatę, oglądać wiadomości, czytać książkę i brać kąpiel – i to jednocześnie?
❑ My mężczyźni.
❑ My kobiety.

Wielozadaniowość (ang. *multitasking*) jest umiejętnością robienia wielu rzeczy jednocześnie – i to skutecznie. Do tej pory była raczej domeną przedstawicielek płci pięknej; długi czas nauka była przekonana, że umiejętność tę posiada zdecydowanie więcej kobiet niż mężczyzn. I tak oto w rodzinach, w których mamy żeńskich *i* męskich fanów piłki nożnej, *podobno* można obserwować, że podczas transmisji meczów mężczyźni przerywają wykonywaną właśnie czynność i słuchają (tak, słuchają, choć zazwyczaj odmawia im się tej umiejętności...). Kobiety słuchają tak samo uważnie i kontynuują przy tym dotychczasową czynność.

Na razie wszystko gra.

Do tej pory wyjaśnienia koncentrowały się wokół następujących kwestii:

Po pierwsze, kobiety są w stanie ponadprzeciętnie szybko przełączać się między półkulami mózgowymi. Ta koncepcja opierała się na obserwacji, że między *nielicznymi* mężczyznami zdolnymi do wielozadaniowości mamy wyjątkowo wiele osób oburęcznych, czyli takich, które tak samo dobrze piszą i robią różne inne rzeczy zarówno prawą, jak i lewą ręką. Oburęczność zaś zakłada dobre połączenie między półkulami mózgowymi.

Po drugie, kobiety już na wczesnych etapach życia ćwiczą robienie wielu rzeczy naraz: na przykład pilnowanie dziecka i równoległe wykonywanie innych czynności. Po trzecie, zdolność ta kształtuje się i rozwija przede wszystkim dzięki jej ćwiczeniu. A ponieważ (rzekomo) wiadomo, że kobiety są bardziej wielozadaniowe niż ich męscy towarzysze, sytuacje, w których w kontakcie osobistym z drugim człowiekiem robią sto rzeczy naraz, nie są raczej traktowane jako nieuprzejmość. I tak oto, w ramach samospełniającej się przepowiedni, mogą swoją wielozadaniowość ćwiczyć, ćwiczyć, ćwiczyć... aż któregoś dnia rzeczywiście ją opanują. Zupełnie inaczej sprawy się mają u mężczyzn, którzy (rzekomo) są w stanie poświęcić się w danej chwili tylko jednej sprawie. W ich przypadku brak stuprocentowego skupienia na, przykładowo, rozmowie telefonicznej, ponieważ równocześnie surfują po internecie albo „dokonują operacji" na swojej brodzie, uznawane jest za wielkie faux pas.

To było wczoraj. Nowe badanie rozprawia się z wszystkimi tymi stereotypami. Badanie Instytutu Pracy i Zdrowia postawiło osoby badane przed następującymi dwoma zadaniami: podczas symulacji jazdy samochodem mają na sygnał zmieniać pas ruchu. Symulowana jest także czynność biurowa: na komputerze badani mają wyszukiwać błędy ortograficzne w słowach, które pojawiają się na ekranie.

W pierwszej rundzie każde z zadań realizowane jest jako jedyne. W drugiej rundzie pojawia się zadanie dodatkowe: i tak uczestnicy mają podczas jazdy samochodem wybrać numer na telefonie komórkowym albo przeczytać opis trasy. Podczas poszukiwania błędów orto-

graficznych słuchają przez słuchawki tekstu, który mają zapamiętać. Badane zmienne zależne to obiektywne wyniki, subiektywne doznania i reakcje cielesne.

Rezultat: zakładany talent kobiet do robienia stu rzeczy naraz jest mylnym wnioskiem. Mężczyźni *i* kobiety gorzej wykonują zadania podstawowe w warunkach wymuszonej wielozadaniowości i są bardziej spięci od osób bez „dodatkowego zadania". Ktoś, kto robi wiele rzeczy jednocześnie, ryzykuje gorsze rezultaty, zwiększa napięcie i ryzyko wypadku – i to niezależnie od płci. Ktoś chcący załatwić wszystko naraz może ostatecznie potrzebować więcej czasu niż ktoś, kto zajmie się sprawami po kolei.

Ostatecznie jednak skuteczność wielozadaniowości zależy od rodzaju zadań. Jeżeli jesteśmy biegli w danej czynności, możemy ją bez problemu wykonywać także wtedy, kiedy robimy inne rzeczy. Jedzenie śniadania i czytanie gazety jest więc w porządku, podobnie jak zażywanie kąpieli z kieliszkiem szampana w ręku. Jednoczesne prowadzenie samochodu, rozmawianie przez telefon, patrzenie na nawigację *i* malowanie ust wymaga już znacznie więcej umiejętności i jest zdecydowanie niebezpieczniejsze...

51. NA KONIEC NAJLEPSZE:
NASZA NIEŚWIADOMOŚĆ

Tajna broń psychoanalizy pokaże ci, jak możesz
w przyszłości zawsze mieć rację.

Absolutnie zabójczym argumentem psychologów jest nieświadomość...

... ponieważ wymyka się ona wszelkiej naukowej weryfikacji. Jeszcze nie udało się udowodnić jej istnienia. Ne przeszkadza to jednak

NIE, NIE JEST PANI ANI ZDROWA, ANI SZCZĘŚLIWA, PANI TRĄBALSKA!
JEŻELI CHCE PANI TERAZ – ZALEDWIE PO 27 LATACH ANALIZY
– PRZERWAĆ TERAPIĘ, TO JEST TO NAJCZYSTSZA POSTAĆ PROCESÓW
OBRONNYCH. NIEŚWIADOMIE WCIĄŻ BOI SIĘ PANI PRAWDZIWEJ
KONFRONTACJI Z SAMĄ SOBĄ...

RABE

psychologom w najmniejszym nawet stopniu, gdyż nieświadomość jest założeniem wielce praktycznym. Jeżeli pacjent nie zgadza się ze śmiałą interpretacją terapeuty, zawsze może on powiedzieć: „Wiem, że nieświadomie jest pan bardzo zadowolony z terapii – po prostu świadomie nie zdaje pan sobie z tego sprawy". W taki sposób zawsze ma i będzie miał rację.

Czego nas to uczy?

Po pierwsze, kiedy już nie masz argumentów, po prostu zarzuć cokolwiek nieświadomości twojego rozmówcy – niech spróbuje udowodnić, że nie jest wielbłądem.

Po drugie, wystrzegaj się psychologów.

Dr Volker Kitz jest autorem wielu znakomicie sprzedających się książek fachowych z psychologii. Studiował prawo i psychologię w Kolonii i Nowym Jorku, następnie zbierał rozmaite doświadczenia zawodowe, m.in. jako naukowiec, dziennikarz telewizyjny, autor scenariuszy i lobbysta. Wcześniej sądził, że to tylko inni mają nierówno pod sufitem. Dziś wie, że czasem kłopot leży po jego stronie. Mimo tego pracuje w całym kraju jako prawnik i coach. Czynsz płaci w Monachium.

Dr Manuel Tusch studiował psychologię i pedagogikę dorosłych w Kolonii i Amsterdamie. Prowadzi praktykę psychologiczną w Kolonii, kieruje Instytutem Psychologii Stosowanej (Institut für Angewandte Psychologie, IfAP) i wykłada na kilku uniwersytetach. W całej tej psychologicznej dżungli w swojej pracy skupił się na coachingu, mediacji, superwizji i terapii. Uczyniwszy własne nerwice swoim zawodem, dziś doskonale sobie w życiu radzi.

CO *TY* MASZ NAM DO POWIEDZENIA?

Droga Czytelniczko, Drogi Czytelniku!

Jak zapewne zauważyliście, psychologia jest naprawdę niezwykle ciekawym i pomocnym obszarem, który nieustannie się rozwija.
Dlatego pytamy:
Co jeszcze powinniśmy omówić?
O czym chcesz dowiedzieć się więcej?
Jaką historię chcesz nam opowiedzieć?
Bardzo serdecznie zapraszamy Cię do skontaktowania się z nami!
Przyślij nam wiadomość na adres:
mail@kitz-tusch.com

Serdecznie dziękujemy i pozdrawiamy!

Dr Volker Kitz i dr Manuel Tusch

www.kitz-tusch.com
www.volkerkitz.com
www.manueltusch.de
www.ifap-koeln.de

CZY NASZE TEMATY SIĘ PODOBAŁY?

Chcesz więcej?
Masz dwie możliwości:

1. Możesz nas oglądać na żywo na naszym międzynarodowym tournee. Daj się zarazić szczególną atmosferą i osobiście pogadaj z autorami. Terminy można znaleźć na stronie:
www.kitz-tusch.com/de/termine

2. Zaproś nas do siebie! Na wykład, warsztat czy coaching – dr Kitz i dr Tusch zajmą się tym indywidualnie. Więcej informacji na stronie:
www.kitz-tusch.com/de/inhouse

LITERATURA

Amodio, D.M., Showers, C.J. (2005). 'Similarity breeds liking' revisited: The moderating role of commitment. *Journal of Social and Personal Relationships*, 22, 817–836.

Anderson, N.H., Barrios, A.A. (1961). Primacy effects in personality impression formation. *The Journal of Abnormal and Social Psychology*, 63, 346–350.

Aronson, E., Bridgeman, D. (1979). Jigsaw groups and the desegregated classroom: In pursuit of common goals. *Personality and Social Psychology Bulletin*, 5, 438–446.

Aronson, E., Mills, J. (1959). The effect of severity of initiation on liking for a group. *Journal of Abnormal and Social Psychology*, 59, 177–181.

Aronson, E., Wilson, T.D., Akert, R.M. (1997). *Psychologia społeczna – serce i umysł* (rozdz. 13). Poznań: Zysk i S-ka.

Aronson, J., Lustina, M.J., Good, C., Keough, K. (1999). When White Men Can't Do Math: Necessary and Sufficient Factors in Stereotype Threat. *Journal of Experimental Social Psychology*, 35, 29–46.

Asch, S. (1951). Opinions and social pressure. *Scientific American*, 193, 31–35.

Averett, S. Korenman, S. (1996). The Economic Reality of the Beauty Myth. *Journal of Human Resources*, 31, 304–330.

Axelsson, J., Sundelin, T., Ingre, M., Van Someren, E.J.W., Olsson, A., Lekander, M. (2010). Beauty sleep: experimental study on the perceived health and attractiveness of sleep deprived people. *British Medical Journal online*, DOI: 10.1136/bmj.c6614 (http://www.bmj.com/content/341/bmj.c6614).

Baddeley, A.D., Hitch, G. (1993). The recency effect: implicit learning with explicit retrieval? *Memory & Cognition*, 21, 146–155.

Badr, L.K., Abdallah, B. (2001). Physical attractiveness of premature infants affects outcome at discharge from the NICU. *Infant Behavior and Development*, 24, 129–133

Bandler, R., Grinder, J. (2005). *Reframing. Ein ökologischer Ansatz in der Psychotherapie* (NLP). Paderborn: Junfermann.

Bandura, A. (1997). *Self-Efficacy: The Exercise of Control*. New York: Freeman.

Bargh, J.A., Gollwitzer, P.M., Lee-Chai, A.Y., Barndollar, K., Troetschel, R. (2001). The automated will: Nonconscious activation and pursuit of behavioral goals. *Journal of Personality and Social Psychology*, 81, 1014–1027.

Bay, R.H. (2010). *Erfolgreiche Gespräche durch aktives Zuhören* (rozdz. 1, 3, 5 i 6). Renningen: Expert Verlag.

Beaman, A.L., Barnes, P.J., Klentz, B., McQuirk, B. (1978). Increasing Helping Rates Through Information Dissemination: Teaching Pays. *Personality And Social Psychology Bulletin*, 4, 406–411.

Berns, G.S., Chappelow, J., Zink, C.F., Pagnoni, G., Martin-Skurski, M.E., Richards, J. (2005). Neurobiological Correlates of Social Conformity and Independence During Mental Rotation. *Biological Psychiatry*, 58, 245–253.

Besemer, C. (2009). *Mediation: Die Kunst der Vermittlung in Konflikten*. Tübingen: Gewaltfrei Leben Lernen.

Biggs, M. (2009). Self-fulfilling Prophecies. W: Bearman, P., Hedström, P. (red.), *The Oxford Handbook of Analytical Sociology* (rozdz. 13). Oxford: University Press.

Bohn, A., Berntsen, D. (2007). Pleasantness Bias in Flashbulb Memories: Positive and negative Flashbulb Memories of the Fall of the Berlin Wall. *Memory and Cognition*, 35, 565–577.

Borke, H. (1971). Interpersonal perception of young children: Egocentrism or empathy? *Developmental Psychology*, 5, 263–269.

Brehm, J.W. (1966). *Theory of psychological reactance*. New York: Academic Press.

Brown, R., Kulik, J. (1977). Flashbulb memories. *Cognition*, 5, 73–99.

Bumke, O. (1926). *Das Unterbewusstsein. Eine Kritik*. Berlin: Springer.

Buunk, B.P. (2001). Perceived superiority of one's own relationship and perceived prevalence of happy and unhappy relationships. *British Journal of Social Psychology*, 40, 565–574.

Cialdini, R.B., Darby, B.L., Vincent, J.E. (1973). Transgression and altruism: A case for hedonism. *Journal of Personality and Social Psychology*, 9, 502–516.

Clement, U. (2006). *Guter Sex trotz Liebe: Wege aus der verkehrsberuhigten Zone.* Berlin: Ullstein.

Clement, U. (2007). Erotische Entwicklung in langjährigen Partnerschaften. W: Willi, J., Limacher, B. (red.), *Wenn die Liebe schwindet: Möglichkeiten und Grenzen der Paartherapie.* Stuttgart: Klett-Cotta.

Conoley, C.W., Garber, R.A. (1985). Effects of Reframing and Self-Control Directives on Loneliness, Depression, and Controllability. *Journal of Counselling Psychology*, 32 (1), 139–142.

Critcher, C.R., Gilovich, T. (2008). Incidental environmental anchors. *Journal of Behavioral Decision Making*, 21, 241–251.

Cunningham, M.R. (1986). Measuring the Physical in Physical Attractiveness: Quasi-Experiments on the Sociobiology of Female Facial Beauty. *Journal of Personality and Social Psychology*, 50, 925–935.

Cunningham, M.R., Barbee, A.P., Pike, C.L. (1990). What do women want? Facialmetric assessment on multiple motives in the perception of male facial physical attractiveness. *Journal of Personality and Social Psychology*, 59, 61–72.

Curtis, R.C., Miller, K. (1986). Believing another likes or dislikes you: Behaviors making the beliefs come true. *Journal of Personality and Social Psychology*, 51, 284–290.

Darley, J.M., Latané, B. (1968). Bystander intervention in emergencies: Diffusion of responsibility. *Journal of Personality and Social Psychology*, 8, 377–383.

Darley, J.M., Latané, B. (1970). *The unresponsive bystander: Why doesn't he help?* New York: Appleton-Century Crofts.

Deci, E.L. (1971). Effects of externally mediated rewards on intrinsic motivation. *Journal of Personality and Social Psychology*, 18, 105–115.

Deimann, P., Kastner-Koller, U. (1992). Was machen Klienten mit Ratschlägen? Eine Studie zur Compliance in der Erziehungsberatung. *Praxis der Kinderpsychologie und Kinderpsychiatrie*, 41, 46–52.

Devine, P.G. (1989). Stereotypes and prejudice: Their automatic and controlled components. *Journal of Personality and Social Psychology*, 56, 5–18.

Duncker, K. (1945). On problem solving. *Psychological Monographs*, 58, 1–110.

Egan, L.C., Santos, L.R., Bloom, P. (2007). The Origins of Cognitive Dissonance. Evidence From Children and Monkeys. *Psychological Science*, 18, 978–983.

Ehrlinger, J., Johnson, K., Banner, M., Dunning, D., Kruger, J. (2008). Why the unskilled are unaware: Further explorations of (absent) self-insight among the incompetent. *Organizational Behavior and Human Decision Processes*, 105, 98–121.

Fehr, E., Falk, A. (2002). Psychological foundations of incentives. *European Economic Review*, 46, 687–724.

Ferraro, F., Sutton, J. (2005). Economics Language and Assumptions: How Theories can become Self-Fulfilling. *Academy of Management Review*, 30, 8–24.

Festinger, L. (1954). A Theory of Social Comparison Processes. *Human Relations*, 7, 117–140.

Festinger, L., Irle, M., Möntmann, V. (1978). *Theorie der kognitiven Dissonanz*. Bern: Huber.

Finke, J. (2004). *Empathie und Interaktion*. Stuttgart: Thieme.

Fischer, G., Riedesser, P. (2009). *Lehrbuch der Psychotraumatologie* (rozdz. 4). Stuttgart: UTB.

Fliessbach, K., Weber, B., Trautner, P., Dohmen, T., Sunde, U., Elger, C.E., Falk, A. (2007). Social Comparison Affects Reward-Related Brain Activity in the Human Ventral Striatum. *Science*, 318, 1305–1308.

Freud, S. (1960). *Das Unbewusste: Schriften zur Psychoanalyse*. Frankfurt/M.: Fischer.

Gilovich, T., Medvec, V.H., Savitsky, K. (2000). The spotlight effect in social judgment: An egocentric bias in estimates of the salience of one's own actions and appearance. *Journal of Personality and Social Psychology*, 78, 211–222.

Glasl, F. (2004). *Konfliktmanagement: Ein Handbuch für Führungskräfte, Beraterinnen und Berater* (rozdz. 2). Stuttgart: Freies Geistesleben.

Gold, J.A., Ryckman, R.M., Mosley, N.R. (1984). Romantic mood induction and attraction to a dissimilar other: Is love blind? *Personality and Social Psychology*, 10, 358–368.

Graziano, W.G., Jensen-Campbell, L.A., Shebilske, L.J., Lundgren, S.R. (1993). Social influence, sex differences and judgments of beauty: Putting the interpersonal back into interpersonal attraction. *Journal of Personality and Social Psychology*, 65, 522–531.

Greenberg, D.L. (2004). President Bush's False „Flashbulb" Memory of 9/11/01. *Applied Cognitive Psychology*, 17, 363–370.

Greenberg, J., Pyszczynski, T.A. (1985). The Effect of an Overheard Slur on Evaluations of the Target: How to Spread a Social Disease. *Journal of Experimental Social Psychology*, 21, 61–72.

Greene, D., Sternberg, B., Lepper, M.R. (1976). Overjustification in a token economy. *Journal of Personality and Social Psychology*, 34, 1219–1234.

Grimes, J. (1996). On the failure to detect changes in scenes across saccades. W: Akins, K. (red.), *Perception, (Vancouver Studies in Cognitive Science)*, 5, 89–110. New York: Oxford University Press.

Grünbaum, A. (1984). *The Foundations of Psychoanalysis: A Philosophical Critique*. Berkeley: California Press.

Hamann, S.B., Ely, T.D., Grafton, S.T., Kilts, C.D. (1999). Amygdala activity related to enhanced memory for pleasant and aversive stimuli. *Nature Neuroscience*, 2, 289–293.

Hamermesh, D.S., Biddle, J.E. (1994). Beauty and the Labor Market. *American Economic Review*, 84, 1174–1194.

Hasher, L., Goldstein, D., Toppino, T. (1977). Frequency and the conference of referential validity. *Journal of Verbal Learning and Verbal Behavior*, 16, 107–112.

Heider, F. (1958). *The psychology of interpersonal relations*. New York: Wiley.

Higgins, E.T., Rholes, W.S., Jones, C.R. (1977). Category Accessibility and Impression Formation. *Journal of Experimental Social Psychology*, 13, 141–154.

Hinsz, V.B. (1989). Facial Resemblance in Engaged and Married Couples. *Journal of Social and Personal Relationships*, 6, 223–229.

Holler, I. (2010). Trainingsbuch Gewaltfreie Kommunikation (rozdz. 4 i 5). Paderborn: Junfermann.

Hussy, W. (1998). *Denken und Problemlösen*. Stuttgart: Kohlhammer.

Isen, A.M., Levin, P.F. (1972). Effect of feeling good on helping: Cookies and kindness. *Journal of Personality and Social Psychology*, 21, 384–388.

Kahneman, D., Knetsch, J.L., Thaler, R.H. (1990). Experimental Test of the endowment effect and the Coase Theorem. *Journal of Political Economy*, 98, 1325–1348.

Kahneman, D., Tversky, A. (1972). Subjective probability: a judgement of representativeness. *Cognitive Psychology*, 3, 430–454.

Kahneman, D., Tversky, A. (1973). On the psychology of prediction. *Psychological Review*, 80, 237–251.

Kappeler, P. (2008). *Verhaltensbiologie* (rozdz. 14 i 15). Berlin: Springer.

Kitz, V., Tusch, M. (2011). *Ich will so werden, wie ich bin – Für SelberLeber.* Frankfurt/M.: Campus.

Krohne, H.W., Slangen, K.E. (2005). Influence of Social Support on Adaptation to Surgery. *Health Psychology*, 24, 101–105.

Kuhnen, C.M., Knutson, B. (2005). The Neural Basis of Financial Risk Taking. *Neuron*, 47, 763–770.

Langer, E., Rodin, J. (1976). The effects of choice and enhanced personal responsibility for the aged: A field experiment in an institutional setting. *Journal of Personality and Social Psychology*, 134, 191–198.

Lefrancois, G.R. (2003). *Psychologie des Lernens* (rozdz. 2–4). Berlin: Springer.

Levin, D.T., Simons, D.J. (1997). Failure to detect changes to attended objects in motion pictures. *Psychonomic Bulletin and Review*, 4, 501–506.

Linden, M. (2005). Prinzipien der Psychotherapie. *Medizinische Therapie*, 15, 1317–1322.

Margraf, J., Schneider, S. (2009). *Lehrbuch der Verhaltenstherapie. Grundlagen, Diagnostik, Verfahren, Rahmenbedingungen* (s. 101–113). Berlin: Springer.

Mayer, H.O. (2005). *Einführung in die Wahrnehmungs-, Lern- und Werbepsychologie* (rozdz. 5). München: Oldenbourg.

McCloskey, M., Wible, C.G., Cohen, N.J. (1988). Is There a Special Flashbulb--Memory Mechanism? *Journal of Experimental Psychology*, 117, 171–181.

McCullough, M.E., Willoughby, B.L.B. (2009). Religion, Self-Regulation, and Self-Control: Associations, Explanations, and Implications. *Psychological Bulletin*, 135, 69–93.

McMillen, D.L., Sanders, D.Y., Solomon, G.S. (1977). Self-esteem, Attentiveness, and Helping Behavior. *Personality and Social Psychology Bulletin*, 3, 257–261.

McPherson, M., Smith-Lovin, J., Cook, J.M. (2001). Birds of a feather: Homophily in Social Networks. *Annual Review of Sociology*, 27, 415–444.

Milgram, S. (1982). *Das Milgram-Experiment. Zur Gehorsamsbereitschaft gegenüber Autorität*. Reinbek: Rowohlt.

Mischel, W., Ayduk, O. (2004). Willpower in a cognitive-affective processing system: The dynamics of delay of gratification. W: Baumeister, R.F., Vohs,

K.D. (red.), *Handbook of self-regulation: Research, Theory, and Applications*, 99–129. New York: Guilford.

Mischel, W., Masters, J.C. (1966). Effects of probability of reward attainment on responses to frustration. *Journal of Personality and Social Psychology*, 3, 390–396.

Moreland, R.L., Beach, S.R. (1992). Exposure effects in the classroom: The development of affinity among students. *Journal of Experimental Social Psychology*, 28, 255–276.

Moreland, R.L., Zajonc, R.B. (1982). Exposure effects in person perception: Familiarity, similarity, and attraction. *Journal of Experimental Social Psychology*, 18, 395–415.

Morewedge, C.K., Huh, Y.E., Vosgerau, J. (2010). Thought for Food: Imagined Consumption Reduces Actual Consumption. *Science*, 330, 1530–1533.

Murphy, J. (2009). *Die Macht Ihres Unterbewusstseins* (rozdz. 2 i 3). München: Ariston.

Neisser, U., Winograd, E., Bergman, E.T., Schreiber, C.A., Palmer, S.E., Weldon, M.S. (1996). Remembering the earthquake: direct experience vs. hearing the news. *Memory*, 4, 337–357.

Nelson, L.D., Meywis, T., Galak, J. (2009). Enhancing the Television-Viewing Experience through Commercial Interruptions. *Journal of Consumer Research*, 36, 160–172.

North, A.C., Tarrant, M., Hargreaves, J. (2004). The Effects of Music on Helping Behavior. *Environment and Behavior*, 36, 266–275.

Northcraft, G.B., Neale, M.A. (1987). Experts, amateurs, and real estate: An anchoring-and-adjustment perspective on property pricing decisions. *Organizational Behavior and Human Decision Processes*, 39, 84–97.

O'Connor, J. (2007). *NLP – das Workbook*. Kirchzarten: Vak-Verlag.

O'Regan, J.K., Noe, A. (2001). A sensorimotor account of vision and visual consciousness. *Behavioral and Brain Sciences*, 24, 939–1031.

Paridon, H. (2010). Irrglaube Multitasking. *Arbeit und Gesundheit*, 10, 12–13.

Peiper, A. (1925). Sinnesempfindungen des Kindes vor seiner Geburt. *Monatsschrift für Kinderheilkunde*, 29, 237–241.

Piaget, J. (1992). *Das Weltbild des Kindes*. München: Deutscher Taschenbuch Verlag.

Redden, J.P. (2008). Reducing Satiation: The Role of Categorization Level. *Journal of Consumer Research*, 34, 624–634.

Resick, P. (2003). *Stress und Trauma: Grundlagen der Psychotraumatologie* (rozdz. 7). Bern: Huber.

Robbins, M.S., Alexander, J.F., Newell, R.M., Turner, C.W. (1996). The Immediate Effect of Reframing on Client Attitude in Family Therapy. *Journal of Family Psychology*, 10, 28–24.

Rogers, C.R. (2008). *Entwicklung der Persönlichkeit: Psychotherapie aus der Sicht eines Therapeuten*. Stuttgart: Klett-Cotta.

Rogers, R.W., Prentice-Dunn, S. (1981). Deindividuation and anger-mediated interracial aggression: Unmasking regressive racism. *Journal of Personality and Social Psychology*, 41, 63–71.

Rohrer, J.H., Baron, S.H., Hoffman, E.L., Swander, D.V. (1954). The stability of autokinetic judgments. *Journal of Abnormal and Social Psychology*, 49, 595–597.

Rosenberg, M.B. (2007). Gewaltfreie Kommunikation: Eine Sprache des Lebens (rozdz. 5 i 6). Paderborn: Junfermann.

Ross, L. (1977). The intuitive psychologist and his shortcomings: Distortions in the attribution process. W: Berkowitz, L. (red.), *Advances in Experimental Social Psychology*. New York: Academic Press.

Sayer, L.C. (2007). Gender Differences in the Relationship between Long Employee Hours and Multitasking. W: Rubin, B.A. (red.), *Workplace Temporalities (Research in the Sociology of Work*, Vol. 17), 403–435. Bingley: Emerald.

Schneider, W. (2003). *Die Enzyklopädie der Faulheit: Ein Anleitungsbuch*. Frankfurt/M.: Eichborn.

Schulz von Thun, F. (2008). *Miteinander reden*. Tom 1 (cz. A). Berlin: Rowohlt.

Schwarz, N., Bless, H., Strack, F., Klumpp, G., Rittenauer-Schatka, H., Simons, A. (1991). Ease of retrieval as information: Another look at the availability heuristic. *Journal of Personality and Social Psychology*, 61, 195–202.

Selye, H. (1956). *Stress beherrscht unser Leben*. Düsseldorf: Econ.

Simons, D.J., Levin, D.T. (1998). Failure to detect changes to people during a real-world interaction. *Psychonomic Bulletin and Review*, 5, 644–649.

Strack, F., Martin, L., Stepper, S. (1988). Inhibiting and facilitating conditions of the human smile: A nonobtrusive test of the facial feedback hypothesis. *Journal of Personality and Social Psychology*, 54, 768–777.

Swann, W.B., Stein-Seroussi, A., McNulty, S.E. (1992). Outcasts in a White--Lie Society: The Enigmatic Worlds of People With Negative Self-Conceptions. *Journal of Personality and Social Psychology*, 62, 618–324.

Taylor, S.E., Klein, L.C., Lewis, B.P., Gruenewald, T.L., Gurung, R.A., Updegraff, J.A. (2000). Biobehavioral Responses to Stress in Females: Tend--and-Befriend, Not Fight-or-Flight. *Psychological Review*, 107, 411–429.

Thorndike, E.L. (1920). A constant error on psychological rating. *Journal of Applied Psychology*, 4, 25–29.

Tomkins, S. (1962). *Affect, imagery, consciousness: The positive affects*. New York: Springer.

Tusch, M. (2011). *Ein Tusch für alle Fälle. Schulungs-DVD für Mediation*. Offenbach: Gabal.

Wasson, C. (2004). Multitasking during virtual meetings. *Human Resource Planning*, 27, 47–60.

Watzlawick, P., Beavin, J.H., Jackson, D.D. (2011). *Menschliche Kommunikation: Formen Störungen Paradoxien* (rozdz. 3). Bern: Huber.

Wehnelt, S., Beyer, P.-K. (2002). *Ethologie in der Praxis: Eine Anleitung zur angewandten Ethologie im Zoo* (rozdz. 2.3.2). Fürth: Filander.

Whitson, J.A., Galinsky, A.D. (2008). Lacking Control Increases Illusory Pattern Perception. *Science*, 322, 115–117.

Willi, J. (2002). *Psychologie der Liebe* (rozdz. 6). Stuttgart: Klett-Cotta.

LITERATURA POLECANA

Jeżeli chcesz się bardziej zagłębić, polecamy kilka ogólnych podręczników, które może spokojnie czytać także laik:

Aronson, E. (2010). *Człowiek istota społeczna*. Warszawa: WN PWN.

Aronson, E., Wilson, T.D., Akert, R.M. (2008). *Psychologia społeczna*. Poznań: Zysk i S-ka.

Brycz, H. (2012). *Człowiek – instrukcja obsługi. Przewodnik po zachowaniach społecznych*. Sopot: Smak Słowa.

Sapolsky, R. (2010). *Dlaczego zebry nie mają wrzodów. Psychofizjologia stresu*. Warszawa: WN PWN.

Wojciszke, B. (2012). *Psychologia społeczna*. Warszawa: Scholar.

Zimbardo, P.G., Gerrig, R.J. (2011). *Psychologia i życie*. Warszawa: WN PWN.

Zimbardo, P.G., Johnson, R.L., McCann, V. (2010). *Psychologia. Kluczowe koncepcje*. Tomy 1–5. Warszawa: WN PWN.

INDEKS

adaptacja 92
argument rezerwowy 84
argumentacja egocentryczna 62
Aronson, Elliot 182
atrakcyjność 46, 115, 131–132
atrybucja 22–24
  zewnętrzna 23
  podstawowy błąd atrybucji 23–24
  wewnętrzna 23, 24
autosugestia 101

bezradność 108–109
brak suwerenności 95
brakujące informacje (dane) 26
Brehm, Jack 158
Brown, R. 175
Bush, George W. 176, 178

Chaplin, Charlie 40, 166

dobre samopoczucie 81, 177
dolegliwości psychosomatyczne 145
doświadczenie własnej skuteczności 94, 95, 99, 100
dysonans poznawczy 42, 44, 52, 53, 55, 112, 123, 168

efekt autokinetyczny 150
efekt częstości kontaktu 115

efekt halo 43, 83, 85–87, 94, 130
efekt Lake Wobegon 65
efekt pierwszeństwa 83
efekt pierwszeństwa–świeżości 82, 84
efekt placebo 43
efekt posiadania 160–163
efekt Rosenthala 42
efekt samej ekspozycji 113, 114–117, 121, 130
efekt świeżości 84
efekt uporczywości przekonań 80
efekt widza 153–156
egocentryzm 62–63, 71, 194
egoizm 62
Elliot, Jane 180
empatia 63, 140
Epiktet 17

Festinger, Leon 30, 53
fiksacje 164–166
Freud, Zygmunt 73

Genovese, Kitty 154
Glasl, Friedrich 134

habituacja 18, 19, 21, 46, 59
Heider, Fritz 123–124
heurystyka dostępności 77, 78–81
heurystyka zakotwiczenia 75–77, 151
hipoteza empatii–altruizmu 138
hipoteza redukcji negatywnego stanu emocjonalnego 138
homofilia społeczna 120
humor 26

ignorancja pluralistyczna 155–156
interwencja paradoksalna 159

jedzenie 57–60

Kahneman, D. 75
kategoryzacja percepcyjna 45
Keillor, Garrison 65
kłótnia 49, 51, 134
komunikacja 184
    kwadrat komunikacyjny 184–185
konflikty 133–137
konformizm 149–152, 154
kontrola 107–110, 148
    złudzenie kontroli 99, 106
    poczucie kontroli 95, 104, 105
kontrola impulsu 197–199
Kulik, J. 175

lęk (strach) 91, 100, 145, 181

małżeństwo 61–63, 187–188
mediacja 133, 135
metoda postawienia na głowie 14
Milgram, Stanley 152
mimiczne sprzężenie zwrotne 37, 39
mimika 39
Mischel, Walter 197
model P–O–X Heidera 123
motywacja wewnętrzna 167–170
motywacja zewnętrzna 168–170

naciski (przymus) 98, 99
naduzasadnienie 167–168
naginanie się 150, 151
nagły wypadek 154, 155
nagroda 168–170
    odraczanie gratyfikacji 198
Neale, M.A. 76
Niechęć 128
nienawiść 147
nieświadomość 98–102, 203–204
Northcraft, G.B. 76

oburęczność 201
oddalanie się od siebie 34
odwzajemnianie sympatii 126–128

Piaget, Jean 62
piękno 130–131
płaszczyzna apelująca 185
płaszczyzna relacyjna 185–186
płaszczyzna rzeczowa 185
płaszczyzna ujawniająca siebie 185
pluralistyczna ignorancja 155–156
pojmowanie Ja w sposób niezależny 24
pojmowanie Ja w sposób współzależny 24
porównanie społeczne 29–31
postrzeganie otoczenia 190
potrzeby 135
presja grupy 152
przecenianie siebie (własnych możliwości) 65–66, 68
przeformułowanie 14–16
przerwa 19–21

przesądy 109
przyjęcie perspektywy 62–63
przyzwyczajenie 19–21, 46, 47, 59
pseudoucznia 32, 34
psychohigiena 144–145

radość 37–39
rady 72–74
reframing 12, 14–16, 185
religia 103–105
Rosenthal, Robert 42
Ross, Lee 23
rozproszenie odpowiedzialności 154

samospełniająca się przepowiednia 13, 36, 39, 41–44, 66, 81, 128,
   159, 181, 201
schemat 25–27, 34, 43, 116, 174, 181–182
Schulz von Thun, Friedemann 185
Selye, Hans 91, 92
siła (moc) przyzwyczajenia 19–21, 46, 76
skłonność do pocieszania 35, 72
słuchanie 49–51, 63
spokój 12
spostrzeganie społeczne 191
strach zob. lęk
stres 89–93
   obniżenie poziomu 38
   reakcja na 90
stresory 91–92
syndrom Genovese 154
szczerość uczuć 32
sztuczne ograniczanie dostępności 111–112, 117

ślepota na zmianę 171–174
śmiech 38–40
świadek huku 26

teoria (zjawisko) reaktancji 157–159
teoria dysonansu poznawczego 52
teoria równowagi postaw i przekonań 122–123
teoria spiskowa 109
Thorndike, E.L. 87
tolerancja frustracji 199
Tomkins, Silvan 39
torowanie 25, 27–28, 140
trauma 147
Tversky, A. 75
Twain, Mark 158

upiększanie 52
uprzedzenia 179–183
uzasadnienie wysiłku 54

warunkowanie 141
wiek 32
wielozadaniowość 200–202
wieloznaczne informacje 26
Wilde, Oscar 130
wpływ (konformizm) informacyjny 150, 152, 154
wpływ (konformizm) normatywny 150, 152, 154
wściekłość 35, 147
współczucie 70
współodczuwanie 69–71
wspomnienie fleszowe 175
wygaszanie 142–143

wyparcie 145–147
  kontrolowane 147

zadanie z trzema górami 62
zapożyczenie 150, 154
zasada komplementarności 119
zasada podobieństwa 118–121, 126, 130, 140, 152, 192
zjawisko światła rampy 193–196
złudzenie ponadprzeciętności 64–68
złudzenie prawdy 116
zniekształcenia poznawcze w służbie ego 66

życzenia 135–137